NE PLUS SOUFFRIR EN AMOUR

Dans la même collection :

Libérez votre désir !, Philippe Arlin
L'amour, c'est bon pour la santé, Dr Daniel Ballesteros
Hypersensibles, hyperamoureux, Dr Stéphane Clerget
Les Voies secrètes du plaisir, Dr Bernadette de Gasquet
Le Couple tantrique, Claire de Lys
Aimer à tout âge, Philippe Hofman
Réussir son couple, c'est possible !, Brigitte Lahaie
Le Nouvel Art d'aimer, Brigitte Lahaie
L'Écologie de l'amour, Dr Gérard Leleu
Comment gérer un partenaire toxique, Christophe Medici
Merci mon amour !, Christophe Medici
Amoureux toute la vie, François Parpaix
On aime comme on a été aimé ?, Didier Pleux
La masturbation, si on en parlait ?, Bruno Ponsenard
La Sexualité positive, Iv Psalti

Sous la direction de Brigitte Lahaie.
Avec la collaboration de Fabienne Travers.
Conception de la couverture et mise en pages : Lucie Hartmann

Dépôt légal : janvier 2025
ISBN : 978-2-36490-663-1

La Musardine – 122, rue du Chemin-Vert – 75011 Paris

www.lamusardine.com

Dr Stéphane Clerget

Ne plus souffrir en amour

Comment prévenir et guérir les blessures affectives

La Musardine

Psycho-Love

TABLE DES MATIÈRES

À Nathalie Pourtalet

« Le mal d'aimer,
Je l'ai depuis ce jour où tu es parti
En faisant mourir ma vie. »

Le Mal d'aimer
(paroles de Hugues Dumas ;
interprété par Marie Laforêt, 1974)

PRÉAMBULE

Dans tout amour réside une souffrance prête à éclore. Ressentir de la douleur lorsque vous aimez ne doit pas vous surprendre tant les relations amoureuses peuvent être complexes et émotionnellement chargées. Qui commence à aimer doit, hélas ! se préparer à souffrir. À tel point qu'on est en droit de se demander si la souffrance et l'amour ne forment pas un couple… Bien sûr, le tourment n'est pas une constante quand nous aimons, mais il est attaché à l'amour. Des écrivains tel Guy de Maupassant conseillent même d'aimer jusqu'à aimer souffrir pour l'autre, jusqu'à aimer ses inquiétudes, ses jalousies, ses peines.

Si la souffrance en amour est essentiellement la crainte de perdre cet amour ou le chagrin de l'avoir perdu, elle est aussi **la peur de ne plus ou de ne pas pouvoir aimer.** J'ai ainsi reçu de jeunes patient·es qui, après un chagrin d'amour, me disaient vouloir renoncer définitivement à l'amour. Mais refuser d'aimer par peur de souffrir, n'est-ce pas comme refuser de vivre par peur de mourir ? Qu'on ne s'y trompe pas, malgré leur peine, ces patient·es n'avaient pas fait vœu de chasteté. Elles ou ils ne sont pas entrés dans les ordres comme cela pouvait se faire dans les siècles passés – parmi les cas les plus célèbres, citons celui d'une des maîtresses de Louis XIV, la jeune Louise de La Vallière dont le roi avait fini par se lasser. Ils ne sont pas non plus partis sur un champ de bataille pour y trouver la mort, à défaut de l'amour, comme dans le roman de chevalerie espagnol *Amadis de Gaule* écrit par Garcia Rodriguez de Montalvo. Aujourd'hui, les victimes de l'Amour qui ne veulent plus souffrir d'aimer vont accepter de vivre des aventures sexuelles sans lendemain, ou tout du moins des histoires dépourvues d'engagement du cœur. Certain·es papillonnent, d'autres quittent leur partenaire dès que des sentiments commencent à poindre. Parfois, ces blessés de l'amour se mettent en couple, sans que de véritables sentiments amoureux les lient, sans aucune passion. C'est alors une sorte d'union arrangée, basée sur l'entente et non sur la flamme, qui les protège du risque de souffrance en cas de rupture. Enfin, de façon plus dramatique, d'autres renoncent à l'amour en renonçant purement et simplement à la vie ; ils se suicident ou ne prêtent plus attention à eux, au point de tomber malade ou d'être victime d'accident. **C'est pourquoi une rupture amoureuse, quel que soit l'âge de la personne touchée, est toujours prise au sérieux par le médecin psychiatre que je suis.** Si les sources de joie, de bien-être voire d'euphorie en amour ne manquent pas, les sources de mal-être, de souffrance, d'inquiétudes existent, hélas ! bel et bien.

Nous allons apprendre dans ce livre à moins souffrir en amour, sans pour autant renoncer à ce sentiment intense d'affection et d'attachement, si singulier et si fort qu'il pousse ceux qui le ressentent à rechercher la proximité physique, intellectuelle et parfois même imaginaire avec l'objet de cet amour.
Nous passerons en revue **les multiples raisons qui peuvent nous faire souffrir en amour** (aimer sans être aimé·e en retour, être trompé·e, être possessif·ve, avoir un partenaire difficile, jaloux voire toxique, etc.) et découvrirons quel est notre

degré de dépendance affective grâce aux différents tests qui jalonnent les pages.
Nous verrons ensuite comment ne plus souffrir de nos maux d'amour **en comprenant ce qui se joue dans la relation mais aussi en nous**, grâce aux explications et nombreux conseils prodigués pour chaque cas, mais aussi en lisant les témoignages de celles et ceux qui ont traversé les mêmes épreuves.
Enfin, nous prendrons le temps **d'accueillir notre peine et de surmonter la perte d'un amour pour mieux nous reconstruire** grâce aux secrets d'une union qui dure.

INTRODUCTION

LE MAL D'AMOUR, VIEUX COMME LE MONDE

Les maux d'amour ont certainement toujours existé, ils sont en tout cas décrits dans les textes antiques. Déjà à l'époque, le mal d'aimer est l'objet de l'intérêt des médecins. Environ 400 ans avant Jésus-Christ, Perdiccas II, couronné roi de Macédoine, tombe sérieusement malade. Convoqué à la cour, le célèbre médecin de l'Antiquité grecque, Hippocrate, diagnostique une maladie d'amour. Pour cela, il a pris le pouls du roi tandis qu'il faisait défiler toutes les femmes de la cour, révélant une passion amoureuse dévorante du jeune souverain pour la courtisane de son défunt père. Plus tard, en l'an 2 après Jésus-Christ, le poète romain Ovide, bien que n'étant pas médecin, écrit un ouvrage, les *Remèdes à l'amour*. Il y explique, entre autres conseils, comment guérir de la passion amoureuse, tout d'abord lorsque l'on est en couple, puis lorsque l'on a rompu. Il soutient, en toute modestie, que l'exécution de ses conseils permet d'éviter le suicide par dépit amoureux. Ce livre, qu'on peut lire encore aujourd'hui, sera d'ailleurs longtemps prescrit par les médecins, jusqu'à plus de quinze siècles après sa parution !

UN SYNDROME MÉDICAL ET PSYCHOPATHOLOGIQUE

Au Moyen Âge, la médecine arabo-musulmane, alors une médecine de pointe, attribue à la maladie d'amour une place distinctive dans sa nosographie (la description et classification des maladies). Les médecins arabes manifestent un vif intérêt pour les émotions ou les sentiments amoureux et leur impact sur la santé physique comme mentale. L'interaction entre le corps et l'esprit constitue le socle de leur réflexion théorique et suscite une attention constante dans leur pratique clinique. C'est dans ce contexte qu'ils s'attardent sur le mal d'amour, décrivant ses symptômes, discutant de son origine, exposant ses bienfaits ou méfaits et avançant des remèdes pour traiter les affections des amoureux. En effet, ils considèrent le mal d'amour (*al-'ishq*, littéralement « amour fou ») comme un véritable syndrome médical et psychopathologique. Ils reconnaissent ses symptômes physiques et émotionnels, tels l'insomnie, la perte d'appétit, la mélancolie, l'agitation et l'anxiété. Le diagnostic implique une observation attentive des symptômes et souvent une discussion approfondie avec le patient.

Les médecins cherchent à comprendre la source de la douleur émotionnelle, qu'il s'agisse d'un amour non réciproque, d'une séparation ou d'un amour interdit. Certains, tel Avicenne (980-1037), vont jusqu'à qualifier l'amour de « maladie ». Il écrit dans le *Canon*, son traité de médecine : « L'amoureux présente une respiration saccadée, laborieuse, et lorsqu'il entend de la poésie d'amour, il rit ou pleure, surtout lorsque l'on évoque l'abandon et la séparation. Tous ses membres sont fatigués, à l'exception des yeux. Ses habitudes sont perturbées et son pouls devient irrégulier.

Son teint et surtout son pouls changent lorsqu'on mentionne l'objet de son affection »[1].

Rhazès, père de la médecine moderne (IXe siècle), va plus loin et dans son ouvrage *La médecine de l'âme*, considère l'amour excessif comme une variante de la mélancolie (maladie des « humeurs noires »), qu'on appellerait aujourd'hui syndrome dépressif majeur qui affecte l'équilibre mental et physique du sujet. La peine d'amour, écrit-il, conduit à l'insomnie, à une perte d'appétit, et peut conduire à la folie et à la mort (la notion de suicide n'a pas le droit alors d'être cité dans les textes).

UNE PANOPLIE DE TRAITEMENTS

Convoqués au chevet d'un amoureux, les médecins ont heureusement à leur disposition une panoplie de méthodes thérapeutiques. Ils utilisent **des herbes et des plantes médicinales** pour apaiser les symptômes physiques, par exemple la mélisse pour ses propriétés calmantes, la valériane pour traiter l'insomnie et l'anxiété, et le safran pour ses effets antidépresseurs.

Les médecins pratiquent également ce que l'on appellerait aujourd'hui une forme de **psychothérapie par la parole**, qui s'apparente, toutes proportions gardées, aux thérapies cognitivocomportementales. Ils engagent des conversations avec leurs patients pour les aider à exprimer leurs sentiments et à trouver des solutions pratiques à leurs problèmes émotionnels. Les conseils peuvent inclure des suggestions pour réorienter l'attention du patient vers des activités constructives et des interactions sociales positives.

---

1. Cité par A. Murad dans « Le mal d'amour dans la médecine arabo-musulmane ». Annales médico-psychologiques, revue psychiatrique, vol. 159, Issue 7, sept. 2001, pp. 511-514. https://www.sciencedirect.com/science/article/abs/pii/S0003448701000762?via%3Dihub.

La musique et l'art sont aussi considérés comme des moyens puissants pour influencer l'humeur et les émotions. La musicothérapie, en particulier, est utilisée pour apaiser l'esprit et le cœur. Des musiciens jouent des mélodies spécifiquement conçues pour soulager la tristesse et l'angoisse des patients hospitalisés pour des détresses psychologiques à la suite d'un désespoir amoureux.

La religion et la spiritualité jouent également un rôle crucial dans le traitement des maladies d'amour. Des thérapies spirituelles sont mises en place : les médecins recommandent des prières et des rituels religieux pour apporter réconfort et paix intérieure. La foi et la confiance en la sagesse divine sont encouragées comme des moyens de surmonter la douleur émotionnelle en cas de maladie d'amour.

Les médecins suggèrent également **des changements de mode de vie** – que d'ailleurs les médecins d'aujourd'hui prescrivent également pour diverses pathologies dont l'anxiété amoureuse : exercice physique, massages, méditation et pratiques de relaxation. Ils recommandent aussi au patient de passer du temps dans des environnements naturels et apaisants pour restaurer l'équilibre mental et émotionnel.

La poésie et la littérature sont souvent utilisées comme une forme de catharsis : les patient·es sont encouragé·es à lire des poèmes et des histoires qui reflètent leurs propres expériences, offrant ainsi un exutoire émotionnel et une forme de consolation. En résumé, les médecins de l'âge d'or arabe utilisent une approche intégrative pour traiter les maladies d'amour, combinant des remèdes naturels à bases de plantes, des conseils pratiques, des thérapies artistiques et spirituelles, des thérapies verbales, des pratiques méditatives, des exercices physiques et littéraires ainsi que des recommandations pour un mode de vie sain.

Leur compréhension holistique de la santé et du bien-être atteste d'une profonde sagesse qui reste aujourd'hui pertinente et qui a même le vent en poupe !

UNE ALTÉRATION DU JUGEMENT

Quand, au XIVe siècle, à la fin du Moyen Âge, la médecine occidentale refait surface, notamment en retrouvant peu à peu le savoir de l'Antiquité et en se nourrissant de la médecine arabe, elle prend à son tour en considération la maladie d'amour. Une maladie qui touche essentiellement les hommes, selon les traités médicaux européens d'alors – l'expression émotionnelle est davantage une vertu masculine à l'époque, en Occident, les femmes se doivent d'être réservées et dans la maîtrise d'elles-mêmes – et qui se déclare quand l'amour n'est pas partagé. Elle peut aller jusqu'à une altération du jugement. Selon le médecin de l'époque Bernard de Gordon[1] : « On croit que la personne aimée est la meilleure, la plus chaste, la plus honorable, la plus belle, la mieux dotée naturellement et moralement entre toutes… Quiconque est amoureux d'une grenouille la prend pour Diane[2] ».

L'objectif des traitements proposés alors est que le malade se détache de ses pensées amoureuses. On ordonne pour cela **des activités extérieures** : chasse, promenade durant laquelle on écoute le chant des oiseaux et on respire l'air pur. On conseille aussi **les voyages** pour se divertir, comme le fait le médecin portugais Valesco de Tarenta qui, au début du XVe siècle, prescrit une escapade à Paris où, selon lui, on trouve de quoi se réjouir et dépenser son argent.

---

1. « L'excès amoureux et sa cure dans quelques *practicae* médiévales », *Les Remèdes à l'amour de l'Antiquité au XVIIIe siècle*, Gautier Amiel, Adeline Lionetto et Dimitri Mézière (dir.), Classiques Garnier, 2023, p. 167-183.
2. Déesse de l'Antiquité gréco-romaine associée à la fécondité, la souveraineté, la chasse et l'espace céleste.

D'autres conseillent au contraire d'adopter **une vie monacale**, associant chasteté, restriction alimentaire, sommeil sur de la paille dure et port de vêtements des plus sommaires afin de chasser dans ce repli sur soi austère jusqu'au souvenir de la femme aimée.

D'autres thérapeutes encore donnent un conseil inverse aux hommes désespérés de l'amour : celui d'avoir **une série de rapports sexuels avec une ou plusieurs belles femmes** ; le coït permettra ainsi de soulager l'amour qualifié de furieux que l'on porte pour une autre. Le même Valesco de Tarenta, qui recommande cette dernière méthode, note d'ailleurs avec cynisme que peu d'hommes sont atteints de la maladie d'amour car ils mènent une vie si dissolue auprès de diverses femmes que leur amour ne peut se poser auprès d'aucune.

Comme autre traitement possible d'un amour douloureux car non partagé, on cite aussi le fait d'**entendre le plus de mal possible de la personne aimée**, notamment par des amis qui la dénigreront, afin que l'amour se métamorphose en haine. On demande aussi à de vieilles femmes de blâmer la dulcinée, celles-ci étant censées posséder un art plus subtil que les hommes pour dégoûter les amoureux de la dame occupant leur pensée.

UN DÉSORDRE QU'IL FAUT COMBATTRE

Pendant les premières années du XVIIe siècle, sous Louis XIII, une évolution des attitudes médicales envers la maladie d'amour – ou, dans les cas plus graves, ce que l'on nomme alors la « mélancolie érotique » – devient perceptible. Si l'idée selon laquelle aimer comporte des risques a été largement proclamée durant les siècles précédents, sous Louis XIV, il est intolérable de se laisser aller à la mélancolie amoureuse, à ces rêveries incessantes, ces tourments sans fin qui sont le lot commun des amours malheureuses.

L'âge classique est l'ère de la raison, et sous l'influence du philosophe René Descartes – et d'autres –, celle-ci doit combattre les passions de toutes sortes. Les moralistes de l'époque sont unanimes, et les médecins vont suivre : il est préférable de se prémunir contre les ravages de cette passion désordonnée. L'amour se moquant du rang social, de l'âge, des alliances familiales, des ennemis héréditaires, des nations et des religions, il est devenu un danger pour la société – au même titre que le deviendra l'homosexualité au XIXe siècle. Plus précisément, c'est la maladie d'amour non plus chez les hommes mais chez les femmes qui devient un sujet d'inquiétude. On interdit les romans jugés dangereux, où sont décrits des scènes d'amour et des stratagèmes pour arriver à des fins honteuses. Ces romans sont en effet accusés d'exalter l'imagination débridée des femmes. Pour protéger l'ordre social et maintenir la discipline des mœurs, le XVII et le XVIIIe siècles voient se mettre en œuvre une stratégie médicale pour en assurer la maîtrise. Le terme « hystérie » fait son apparition pour évoquer les ravages de la passion amoureuse chez les femmes. On prescrit notamment des dérivés d'opium pour lutter contre ce que l'on qualifie médicalement de « fureurs utérines », qui touchent les femmes aux proies d'exaltations romanesques ou amoureuses. Ce n'est qu'au XIXe siècle que les langueurs amoureuses et la dépression mélancolique auront à nouveau le droit à la parole, avec le mouvement romantique… avant que le mal d'amour ne soit de nouveau déclaré dangereux pour l'ordre social. On le soigne d'abord par l'hydrothérapie (en cure thermale), l'électrothérapie (usage de l'électricité provoquant des électrochocs) ou l'hypnose à la fin du XIXe siècle, suivis, plus près de nous, par les prescriptions d'antidépresseurs.

Après cette brève histoire du mal d'amour, voyons à présent les principales causes, nombreuses et variées, de cette souffrance, et surtout les moyens d'y remédier ou tout du moins de ne plus en souffrir.

JE NE TROUVE PAS L'AMOUR

Parmi les causes de souffrance dans le champ de l'amour, la primordiale est sans doute celle de ne pas réussir à être aimé·e, notamment par celle ou celui que l'on serait susceptible d'aimer. C'est aussi la difficulté à tomber amoureux·se ou du moins à vouloir s'engager, comme si on n'était jamais satisfait·e, comme si l'autre s'avérait toujours décevant·e. Bref, trouver l'amour peut être difficile pour certain·es d'entre nous. De nombreuses raisons expliquent cela.

DES ATTENTES TROP ÉLEVÉES

Nous avons parfois des attentes trop élevées, voire irréalistes à l'endroit d'un partenaire chimérique, qui sont à la source de cette privation. Quand l'amour s'incarne en un seul homme ou une seule femme, il confronte nos sentiments à une réalité qui possède ses propres limites. Or **l'être idéal que nous espérons peut réunir toutes les perfections que l'esprit est capable de concevoir, mais ne peut être porté par un simple être humain**, puisqu'un idéal reste de la nature de l'idée et n'a donc d'existence que pour la pensée. Dès lors, la rencontre amoureuse passe par l'acceptation du réel et par la sortie d'un imaginaire, certes protecteur mais qui a les inconvénients d'une prison dorée. Toutefois, à l'adolescence, cette fréquente idéalisation a, à mon sens, sa raison d'être et doit donc être respectée : elle fait office d'antichambre à l'amour en l'attente d'une maturité affective suffisante pour affronter les risques émotionnels intrinsèques aux relations de couple.

UN FLORILÈGE DE PEURS

La peur de l'autre, de l'amour ou de ses risques, la peur de l'engagement, la peur de la sexualité, la peur d'être abandonné·e, la peur de souffrir... Toutes les peurs possibles que peut générer chez un individu l'éventualité d'une relation amoureuse sont de fréquents freins à une rencontre véritable. Cette peur est parfois inconsciente. Qu'elle soit plus ou moins consciente, elle peut faire obstacle à la naissance de nos propres sentiments amoureux. Elle peut aussi, tandis que nos sentiments sont bel et bien présents pour quelqu'un, provoquer des comportements, des attitudes, des propos qui vont empêcher la rencontre de se produire. On parle alors de **« conduite d'échec »**.

LES CONDUITES D'ÉCHEC

En psychologie, les conduites d'échec sont celles d'un sujet qui va s'organiser inconsciemment de façon à ne pas parvenir à ses fins. C'est un ensemble de conduites répétitives, non conscientes, qui mènent l'individu à échouer. Consciemment, il y a bien chez lui l'envie de réussir, mais il existe dans son psychisme des forces, indépendantes de sa volonté, qui se dressent systématiquement contre lui et dont il n'a pas conscience.

C'est le cas d'Étienne

Étienne, 35 ans, n'arrive pas à s'engager malgré son souhait ardent de le faire. Il se conduit comme un goujat avec les femmes qui souhaitent se mettre en couple avec lui et qu'il déclare aimer sincèrement.

Le début de ses histoires est chaque fois idyllique. Puis, quand la relation devient sérieuse, Étienne pose des lapins, ignore peu à peu les besoins émotionnels de sa partenaire, lui manque parfois de respect. Bref, il adopte une telle attitude, qui tranche avec sa façon d'être initiale, que systématiquement, l'élue finit, de guerre lasse, par rompre. De façon paradoxale, Étienne dit en souffrir : « Je ne sais pas pourquoi je fais cela. J'ai perdu l'amour de femmes qui avaient tout pour me rendre heureux pour la vie. »

C'est en établissant, lors de consultations avec moi, le lien avec le modèle de son père qu'il a compris sa conduite d'échec dans le domaine amoureux. Enfant, il a assisté au divorce de ses parents. Il a observé, impuissant, le naufrage de son père « abandonné par la femme de sa vie » comme celui-ci n'a eu de cesse de le dire à son fils Étienne. D'épisode dépressif en épisode dépressif, ce père a perdu son travail et s'est noyé dans l'alcool avant de décéder d'un accident de la voie publique en état d'ivresse. La peur inconsciente de suivre la même destinée entraînait Étienne dans une rupture préalable à tout engagement amoureux. Certes, il devait supporter des ruptures, mais comme elles survenaient après une relation brève, elles étaient peu douloureuses… d'autant qu'il gardait la maîtrise de la séparation puisqu'il la provoquait. Ce faisant, il vivait des désunions sans s'effondrer, au contraire de son père.

Ce schéma répétitif peut aussi être interprété comme un besoin inconscient pour Étienne de « rejouer » une situation vécue dans le passé comme un échec, une souffrance.

Il exprime une volonté de réparation : Étienne rejoue inconsciemment dans son couple la relation de son père à sa mère, tout en tentant de sauver imaginairement son père (dont il joue le rôle) en l'interrompant avant qu'il ne soit trop tard et en gardant la main.

La conduite d'échec en amour se traduit donc par des actes répétitifs ou compulsifs d'un sujet, qui visent à le faire échouer dans ce qui semble être la réalisation de son désir amoureux. Pour rompre avec ces conduites d'échec, il s'agit dès lors de **repérer les peurs** qui peuvent vous empêcher de rencontrer l'autre, de le séduire, de lui donner l'envie de faire couple avec vous. Ces peurs peuvent être isolées ou plurielles et remontent parfois à l'enfance. Un travail sur vous est en ce cas nécessaire pour repérer la peur enfouie dans votre histoire personnelle et ainsi vous en départir. De même, il s'agira de repérer d'éventuelles conduites d'échec en lien avec des refus ou des craintes plus complexes qui s'enracinent aussi dans votre vécu personnel ou familial.

LA MALADRESSE

Le manque d'habileté amoureuse, voire la franche maladresse, sont aussi une cause d'échec à la rencontre amoureuse. Comme toute relation humaine, la relation amoureuse repose sur un certain savoir-faire et « savoir-être », et sur une aptitude à communiquer. Ces compétences font défaut à certain·es pour des raisons de personnalité ou d'éducation (mauvais modèles parentaux). Ainsi, les personnes sujettes à des troubles du spectre autistique, qui ont notamment des troubles importants des habiletés sociales, n'ont pas les codes sociaux pour s'engager avec aisance dans une relation sentimentale.

Certaines maladresses comportementales sont de véritables « tue-l'amour ». Certes, l'amour peut faire feu de tout bois et l'on connaît des personnes sans atout ou bourrées de défauts qui trouvent chaussure à leur pied. Il y a cependant des façons d'être qui rebutent la plupart des candidats à l'amour et qui imposent de se rééduquer, à défaut de changer sa nature profonde. Ce peut être :

- **Une communication inadéquate** à l'origine de malentendus, de frustrations voire de conflits. Quand les émotions ne sont pas exprimées clairement, c'est un obstacle à la communion des cœurs.
- **Un égoïsme excessif**, qu'il soit ancré ou apparent, qui ne permet pas de prendre en compte les besoins et les sentiments de l'autre, et qui peut créer des déséquilibres et des tensions allant jusqu'à empêcher l'histoire de se construire.
- **Le défaut de compréhension des besoins émotionnels**, intellectuels ou physiques de l'autre, indépendamment de tout égoïsme mais dû à un déficit d'écoute ou d'intelligence interpersonnelle, peut entraîner une insatisfaction et bloquer la relation.
- **Le manque de capacité à faire des compromis** au début ou dans les suites d'une relation, pouvant conduire à des impasses.
- **Le manque de respect**, qui peut se manifester par des paroles blessantes, ou encore la présence de comportements irrespectueux ou de propos méprisants.
- **La négligence émotionnelle** qui fait que si les besoins de l'autre sont perçus, ils sont cependant ignorés, conduisant à une déconnexion émotionnelle.

Il s'agira alors de prendre conscience de vos maladresses ou de vos défauts et d'entreprendre de les corriger.

LES OBSTACLES ÉDUCATIFS ET SOCIAUX

Les échecs sont parfois dus à des problèmes de compatibilité quand on se singularise par des opinions, des valeurs ou des intérêts aussi envahissants qu'atypiques ou minoritaires. Il convient alors de définir des priorités ou d'axer sa recherche sur ces intérêts communs.
Il existe aussi des causes liées tout simplement aux manques d'opportunités, du fait d'un isolement social par exemple, ou dues aux circonstances de sa vie – des horaires de travail chargés, des responsabilités familiales ou d'autres engagements qui peuvent limiter les opportunités de rencontrer des partenaires potentiels. Une nouvelle organisation de son mode de vie peut alors s'imposer.
L'influence de la société joue aussi un rôle quand les normes sociales, les attentes familiales et les pressions extérieures interviennent dans la difficulté à trouver l'amour.

> **C'est le cas de Sébastien, mais aussi de Samira**
> Sébastien s'est vu confronté à l'hostilité marquée de sa famille à son union avec une jeune femme de religion différente de la sienne.
> Samira, de son côté, est déchirée entre la pression de son environnement qui la voudrait mariée et son amour pour une femme.

COMMENT NE PLUS EN SOUFFRIR?

Une fois repérées, ces causes imposent une réorganisation de votre vie pouvant aller jusqu'à un **changement** de travail voire d'environnement. Certaines personnes concernées par ce type d'obstacle ont dû changer de pays, de métier et s'éloigner de leur famille pour trouver l'amour.

Rappelez-vous que chacun a un cheminement unique dans sa vie amoureuse. Si la quête de l'amour vous semble difficile, il est indispensable de **prendre du recul**, de réfléchir à vos propres besoins et attentes et aux raisons parmi celles que je viens d'évoquer qui pourraient faire obstacle.
Il est aussi utile de **chercher le soutien** d'amis, de membres de la famille ou même d'un professionnel de la santé mentale pour obtenir des conseils et un soutien supplémentaire.

JE NE SUIS PAS SATISFAIT·E DE MA RELATION

Les attentes non comblées dans une relation peuvent entraîner de la déception, de la frustration et de la douleur. Certaines personnes, on l'a vu, ont des attentes irréalistes en amour, alors qu'elles n'en ont pas dans les autres domaines de la vie. D'autres ont des attentes plus raisonnables, mais ne communiquent pas clairement leurs besoins, ce qui peut conduire à des malentendus, des frustrations voire des conflits. En amour, les attentes peuvent être de mille ordres ! Essayez de définir les vôtres… et vous serez sans doute surpris·e par leur variété possible et leur caractère parfois contradictoire.

LA COMMUNICATION

Nous attendons généralement d'un·e partenaire qu'iel communique ouvertement et honnêtement. La communication est cruciale pour comprendre les besoins, les sentiments et les attentes de chacun·e. Nous espérons être traité avec respect, considération et compréhension, pouvoir compter l'un sur l'autre pour un soutien émotionnel – ce qui implique la présence du partenaire dans les moments difficiles, de partager les joies et de soutenir les aspirations de l'autre. Nous souhaitons aussi que le·a partenaire soit digne de confiance et que cette confiance soit mutuelle. Nous pouvons aussi espérer que le·a partenaire soit disposé·e à trouver des solutions équilibrées dans les situations où les besoins et les désirs divergent.

C'est le cas de Margaux

Margaux a eu plusieurs compagnons qu'elle a quittés ou qu'elle a laissés la quitter car ils n'étaient pas à la hauteur de ses attentes. Elle était à la recherche d'une personne idéale. Rien de ce que ses partenaires lui apportaient ne lui faisait complètement plaisir. Dans leurs cadeaux comme dans leurs attitudes, y compris les plus généreuses, elle ne pouvait s'empêcher de repérer ce qui faisait défaut, ce qui manquait. Non seulement elle ne voyait que le verre à moitié vide, mais quand il était plein, elle s'attachait à la forme du verre qui n'allait pas.

Son compagnon actuel et nos séances lui ont permis de moins souffrir en l'aidant à supporter l'imperfection chez l'autre et en l'aimant suffisamment pour l'inviter à effectuer un travail sur elle. Elle s'est affranchie peu à peu d'une exigence de bonheur absolu en amour qui la rongeait. Elle a découvert que cette exigence était aussi celle de sa mère, qui ne se satisfaisait ni de son mari, ni de ses enfants. Elle a compris que son histoire d'amour n'était pas écrite à l'avance. Qu'elle en tenait la plume et qu'elle avait le pouvoir de construire son histoire. Elle a appris à ne plus être passive face à son destin amoureux et à s'engager pour porter son histoire en y mettant des projets, de l'enthousiasme et en se montrant proactive. Elle a enfin renoncé au Prince Charmant ou plutôt, elle l'a rendu charmant en devenant l'autrice de son conte.

L'INTIMITÉ ÉMOTIONNELLE ET PHYSIQUE

Elle est bien sûr une attente habituelle et souvent essentielle dans une relation amoureuse. Cette intimité implique de partager des moments intimes, de se montrer vulnérable et de maintenir une connexion émotionnelle, mais aussi de pouvoir bénéficier avec l'autre de jouissance sexuelle individuelle et commune tant la jouissance de l'autre peut nous procurer du bien-être.

L'INDÉPENDANCE

Bien que la proximité soit importante, nous pouvons également souhaiter du ou de la partenaire qu'iel respecte l'indépendance individuelle, les intérêts et les besoins personnels. Dans de nombreuses relations amoureuses, les partenaires s'engagent l'un envers l'autre, que ce soit à court ou à long terme, selon la nature de la relation. Mais **l'engagement est loin d'être tout!** Nous pouvons désirer que notre partenaire plaise à notre entourage, nous mette en valeur, soit attentionné·e sans être trop collant·e, soit autonome financièrement et éventuellement généreux·se avec nous, soit protecteur·trice ou maternant·e sans nous étouffer, sensible et fort·e à la fois, beau ou belle sans être narcissique, sûr·e de lui ou d'elle mais humble… Jamais autant qu'aujourd'hui – et certains accusent le consumérisme débridé de notre société – nous avons attendu un·e partenaire qui cocherait toutes les cases d'un catalogue infini et renouvelable à volonté. Et cette exigence ne va pas s'arranger tant de nos jours, l'éducation que les enfants reçoivent les pousse à exiger le meilleur, à vouloir toujours plus et non pas à apprécier ce qu'ils ont déjà.

COMMENT NE PLUS EN SOUFFRIR?

Être capable de **réduire à l'essentiel vos attentes en amour** est un passage obligé pour éviter de souffrir. Nombre d'entre nous finissons par le comprendre et emprunter cette voie, en nous adaptant au réel, après un certain nombre de déconvenues.

Mais au sein d'un couple bien établi, il existe d'autres remèdes. Ne serait-ce que celui **d'exprimer plus clairement et dans un esprit de concorde vos attentes**, quand elles vous paraissent réalisables. Trop souvent, vous imaginez ou attendez que l'autre, sous prétexte d'être en couple, lise dans vos pensées et connaisse vos besoins dès qu'ils prennent naissance – à l'instar d'un jeune enfant dont les parents sont attentifs à ses besoins et qui, imagine-t-il, les devineraient aussitôt. C'est pourquoi, et je ne le dirai jamais trop, **la communication est cruciale** quand on souffre de ne pas être satisfait·e en amour. Elle permet à l'autre de pouvoir répondre éventuellement à nos attentes, mais nous donne aussi la possibilité d'y voir plus clair et d'assumer nos desiderata. Car il arrive que l'insatisfaction en amour soit chronique…

JE L'AIME, MAIS CE N'EST PAS RÉCIPROQUE

La souffrance en amour est parfois plus simplement due à l'absence de réciprocité de nos désirs et sentiments. Pourquoi développons-nous des sentiments amoureux et des désirs d'union des corps envers certaines personnes, tandis que d'autres nous laissent indifférent ? De nombreux chercheurs tentent de percer ce mystère de l'amour…

L'AMOUR, UNE ALCHIMIE MYSTÉRIEUSE

Il est manifeste que le sentiment amoureux va au-delà de l'évaluation basée uniquement sur l'aspect physique ou la fécondité. À la différence du lien parental, le lien amoureux est un attachement découlant d'un choix délibéré du partenaire, imprégné du désir sexuel et d'élan romantique, avec une éventuelle aspiration à une affinité durable et à une collaboration familiale future. Les théories évolutionnistes classiques avancent que les femmes choisissent leurs partenaires masculins en fonction de leur force et de leurs ressources afin de favoriser la survie de leur descendance.

Les hommes, quant à eux, seraient attirés par des traits physiques associés à la fertilité : les hanches larges, la jeunesse, le ventre rond étaient interprétés comme des signes de fertilité dans nombre de sociétés anciennes. Des théories plus contemporaines prétendent que le choix du partenaire repose sur une compatibilité génétique perçue par les deux parties, sans toutefois élucider le rôle de l'interaction sociale dans le processus dynamique de sélection du partenaire.
En vérité, **le succès d'une relation est une alchimie trop complexe pour se résumer à des facteurs biologiques ou sociaux**, et ces théories scientifiques ne convainquent pas davantage que la flèche lancée par Éros, le dieu de l'Amour dans la mythologie grecque, qui a la capacité de susciter l'amour entre les êtres humains, de façon aléatoire.

C'est le cas de Timothée

Timothée a une bonne estime de lui. Il l'a toujours eue depuis son enfance. Aujourd'hui âgé de 28 ans, il est loin de se trouver parfait et connaît ses propres limites dans différents domaines, mais il s'aime tel qu'il est. C'est d'ailleurs un homme entouré ; ses parents s'entendent bien et adorent leur fils, et sa grande sœur le chérit également. Il a réussi ses études, occupe un emploi d'ingénieur qui lui plaît, a des amis et des activités sportives. Il n'a pas de problèmes de santé, ni physique, ni psychologique. Bref, tout va bien pour lui ! Le seul hic est que Timothée est amoureux depuis plusieurs mois de Vanessa, mais que cet attachement n'est pas réciproque. Vanessa a un an de moins que lui. Ils se sont rencontrés il y a quelques mois, en vacances chez des amis communs. Vanessa sortait d'une histoire qui s'était terminée sans souffrance, et Timothée était « libre ». Ils se sont d'emblée bien entendus. Vanessa trouvait Timothée sympathique, mais elle n'éprouvait aucun sentiment amoureux pour lui.

Elle le trouvait beau garçon sans pour a tant être attirée physiquement par lui. Timothée, en revanche, est rapidement tombé amoureux d'elle, et chaque fois qu'il la retrouvait avec leurs amis communs, son attachement se renforçait. Ce n'était pas une obsession, mais un vrai coup de foudre. Il a fini par déclarer sa flamme à Vanessa après s'être montré le plus charmant des prétendants, en vain. Cet amour restait à sens unique.

Timothée a longtemps été désespéré, puis triste mais avec le temps, il a fini par accepter cette réalité et son cœur a cicatrisé. Plus tard, il est retombé amoureux, cette fois d'une fille qui partageait ses sentiments.

L'histoire de Timothée est simple et pourtant si fréquente. La souffrance en amour apparaît souvent quand celui-ci n'est pas réciproque et que la relation ne s'engage pas. La personne déçue ne comprend souvent pas ce qui se passe, surtout quand c'est la première fois que cela lui arrive, et d'autant plus qu'elle a été jusqu'à présent toujours bien aimée par son entourage.

Je vois beaucoup d'ados gâtés affectivement par leurs parents dévoués, qui imaginent que donner leur amour est une condition suffisante pour être aimé en retour et qui tombent de haut lors de leur première véritable déconvenue sentimentale. Or l'absence de réciprocité amoureuse peut s'expliquer par divers facteurs, tant individuels que relationnels, qui ne doivent pas nous remettre en cause pour autant.

POURQUOI NOTRE AMOUR N'EST PAS PAYÉ EN RETOUR?

Les individus sont uniques, avec des expériences, des attentes, des besoins, des goûts et des sensibilités variées. L'attirance n'est pas toujours mutuelle dès le départ; il peut arriver qu'une personne ne ressente pas les mêmes émotions ou n'ait pas la même disposition à s'engager émotionnellement dans une relation. Autrement dit, une personne peut développer des sentiments amoureux et des désirs physiques sans que l'autre ne ressente la même chose en retour. Les personnes évoluent à des rythmes différents, et leur disponibilité émotionnelle peut dépendre du moment dans leur vie. En effet, des circonstances personnelles, tels des engagements professionnels, familiaux ou des défis personnels, peuvent influencer la possibilité d'établir une connexion émotionnelle réciproque.

Certains individus peuvent aussi être réticents à s'engager émotionnellement dans une relation par peur de l'intimité, de la vulnérabilité ou des responsabilités qui en découlent. Ce qui peut entraîner un déséquilibre dans les sentiments partagés.

Les expériences émotionnelles antérieures (blessures ou traumatismes) peuvent également influencer la capacité d'une personne à s'engager émotionnellement dans une relation.

La communication, je l'ai dit, joue un rôle crucial dans une relation.

Les différences fondamentales dans les priorités, les valeurs ou les objectifs de vie peuvent contribuer à l'absence de réciprocité amoureuse. D'où l'importance de s'atteler à la compréhension mutuelle, à une communication ouverte et aux respects des limites de chacun pour naviguer dans les relations où les sentiments ne sont pas nécessairement réciproques.

COMMENT NE PLUS EN SOUFFRIR?

Pour surmonter ce type de frustration amoureuse, **la patience** est votre meilleure alliée. Mais ce temps nécessaire doit être mis à profit, notamment pour **vous interroger sur votre propre passif amoureux**.

Remémorez-vous des amours ou des amitiés réciproques. Souvenez-vous aussi quand vous avez été, vous-même, un objet d'amour à sens unique. Si vous manquez de souvenirs amoureux car vous êtes encore très jeune, rappelez-vous que vous vous êtes remis·e d'un amour non partagé comme vous l'auriez rêvé – je parle ici du désir œdipien possiblement éprouvé vis-à-vis des personnes qui vous ont élevé·e.

Essayez de **décoder votre attachement** en découpant celui-ci en morceaux, même si c'est très artificiel, en notant ce qui pourrait expliquer que vous l'aimez, lui ou elle. Cela vous permettra de lister les qualités de toute nature que vous pouvez imaginer trouver chez quelqu'un d'autre.

Parlez, autant que faire se peut, **de votre frustration**, de votre chagrin aux personnes autour de vous. Vos amis sont aussi là pour cela, comme vous l'êtes pour eux. En parler libère la pression et répéter ces confidences permet à votre cerveau de mieux accepter la réalité pour mieux vous en détacher ensuite.

Descendez l'objet de votre amour de son piédestal. Dans la fable de Jean de La Fontaine « Le renard et les raisins », le renard vante la qualité des raisins qu'il veut manger. Mais ne parvenant pas à les cueillir, il repart en déclarant, avec une évidente mauvaise foi, que de toute façon, ils étaient trop verts. Certes, vous ne devez pas regretter d'être tombé amoureux·se de cet être si parfait, puisque bien que cet amour ne soit pas réciproque, il témoigne de votre bon goût. Cependant, comme le renard de la fable, vous avez aussi le droit, même si c'est jugé de mauvaise foi, de chercher des défauts, de faire des reproches à l'être aimé pour le descendre de son piédestal.

Tout ce qui renforce la confiance en soi en tout domaine est bon à prendre. Car la frustration amoureuse porte toujours atteinte, à des degrés variables, à votre confiance en soi.

Veillez donc à vous remémorer vos réussites et à vous entendre dire vos qualités. Vous finirez par vous dire que celui ou celle qui ne veut pas de vous ne sait pas le bonheur à côté duquel iel est passé.

Enfin, **ouvrez-vous à de nouvelles rençontres** puisque le meilleur remède à une frustration amoureuse est une victoire de l'amour, car cette victoire donnera du sens à la frustration qui l'a précédée.

J'AI ÉTÉ TROMPÉ·E

Parmi les autres causes de souffrance en amour, il y a la crainte d'être trompé·e. L'idée que notre partenaire puisse aimer quelqu'un d'autre ou simplement qu'iel ait de la jouissance avec cet autre, réel ou imaginaire d'ailleurs, nous rend malade de jalousie.

UNE DÉCOUVERTE CHOQUANTE

Découvrir qu'on est trompé·e par sa ou son partenaire est une expérience très difficile, voire un choc émotionnel. Une douleur consécutive, affective, intense et profonde est courante. Nous ressentons individuellement, à des degrés variables :

- **Un sentiment de trahison** qui touche à la confiance placée en l'autre ;
- **Une blessure de l'estime de soi** car nous nous sentons insuffisant·e pour l'autre ;
- **Un sentiment d'abandon** car la tromperie est vécue comme une forme de reniement – d'ailleurs, elle peut précéder une rupture.
- **Une incompréhension**. Des interrogations lancinantes – *Pourquoi cela s'est-il produit ? Est-ce de ma faute ? Comment puis-je lui faire confiance à nouveau ?* – envahissent l'esprit de celui ou celle qui se sent victime.

Quand on est l'objet d'une tromperie, les réactions individuelles sont plurielles selon les circonstances de celle-ci, les types d'engagements au sein du couple ou encore la personnalité de chacun·e. Certain·es s'effondrent émotionnellement et veulent en finir avec la vie quand d'autres affichent une froideur qui annonce une retenue émotionnelle ou bien une rupture immédiate ou encore une vengeance prochaine.
Voici, pour illustrer les modes de réactions possibles, l'histoire de Jade, telle qu'elle l'a notée dans son journal et qu'elle a bien voulu me partager :

C'est le cas de Jade

« Je n'arrive pas à croire ce que j'apprends ! Alexandre, mon amour, mon confident, mon homme, m'a trompée avec Sarah, cette soi-disant amie. Comment a-t-il pu me faire ça ? Je ne comprends pas. On était si heureux ensemble. On avait des projets, des rêves, une vie que je pensais construire avec lui. Je me sens trahie, humiliée, anéantie. La confiance que j'avais en lui, en nous, est pulvérisée en mille morceaux. Je me questionne, je me torture l'esprit : qu'ai-je fait de mal ? N'étais-je pas assez bien pour lui ? Comment ai-je pu être si aveugle, si naïve ? N'ai-je pas vu les signes, les ombres qui se profilaient ? Ou avais-je simplement choisi d'ignorer la vérité ? Et Sarah, mon amie d'enfance, complice de cette trahison… Comment a-t-elle pu trahir notre amitié ? N'a-t-elle pas eu pitié de ma peine ? Je me sens brisée, en mille morceaux dispersés. Les larmes coulent sur mes joues. La colère gronde en moi, brûle mes entrailles. J'ai envie de crier, hurler ma rage, ma douleur. J'ai envie de le frapper, de lui faire subir la même souffrance qu'il m'inflige. Je me sens sale, souillée. Son toucher, ses baisers, ses paroles me dégoûtent désormais. Je ne peux plus le regarder sans penser à son mensonge, à sa trahison.

Je suis perdue, désemparée. Je ne sais plus où aller ni que faire. Je me sens seule, isolée du monde entier. J'ai envie de me recroqueviller dans un coin et ne plus jamais en ressortir. Mais au fond de moi, deux sentiments s'entrechoquent : la douleur de la trahison et l'amour que j'éprouve encore pour Alexandre. Je l'aime, je le hais. Je veux le quitter, mais je ne peux pas imaginer ma vie sans lui. Je suis tiraillée entre la raison et mes sentiments. Je sais que je dois prendre une décision, mais je n'y arrive pas. J'ai besoin de temps, de réfléchir, de comprendre ce que je veux vraiment.
Je vais parler à Alexandre, lui dire ce que je ressens, ce que j'ai découvert. On va devoir affronter la vérité, aussi douloureuse soit-elle. Je ne sais pas ce que l'avenir nous réserve, mais je suis déterminée à trouver une issue à cette situation. Que je choisisse de rester avec Alexandre ou de le quitter. »

L'éclairage historique

Si l'infidélité a longtemps fait sourire dans les vaudevilles du XIXe et du XXe siècles, elle n'est plus aujourd'hui un thème comique qui fait recette. À l'heure où l'infidélité est devenue facile, entre autres du fait de l'évolution des mœurs, de sa dépénalisation et de la facilité des rencontres notamment via les réseaux sociaux, nous avons davantage conscience qu'elle est source de grande souffrance.

Découvrir l'infidélité d'un partenaire est, en règle générale, une expérience extrêmement douloureuse et bouleversante, et il est probable qu'elle le fut de tout temps.

Sur un plan juridique, quand l'infidélité commise au sein d'un mariage était condamnée, on parlait (on parle encore) surtout d'adultère. C'est le fait pour un époux ou une épouse de violer son serment de fidélité et d'avoir des relations sexuelles avec une personne autre que son·a conjoint·e, envers qui iel a affirmé ce serment.

Dans l'histoire, pour la plupart des peuples, l'adultère est une faute grave. Enfin, surtout quand il est commis par les femmes. Il y a des exceptions cependant. Ainsi, au Moyen Âge, chez les nobles, l'amour courtois rime avec une infidélité plus ou moins tolérée des hommes et des femmes. La Révolution française dépénalise l'adultère et les années qui suivent (période du Directoire) sont connues pour être une période de grande liberté sexuelle. Jusqu'en 1810, très peu de sociétés civiles semblent avoir criminalisé l'adultère des hommes. À quelques exceptions. Ainsi, dans l'Athènes de l'époque classique (ve siècle av. J.-C.), le couple adultère est condamné, mais également tous ceux qui, au courant, n'ont rien fait pour les dénoncer. En France, **en 1804, le Code civil laisse la possibilité du divorce**, autorisé lors de la Révolution française, mais cette fois de façon plus limitée, notamment en ce qui concerne l'adultère du mari. L'épouse ne peut l'obtenir que si l'époux a « tenu » sa maîtresse « dans la maison commune ». L'épouse adultère pouvait, quant à elle, être condamnée à être incarcérée au sein d'une maison de correction pour une durée pouvant aller jusqu'à deux années. L'époux tuant sa femme ou son amant, en flagrant délit d'adultère, était, lui, excusable…

Pour les religions monothéistes, l'adultère des hommes et des femmes est condamnable. Pourtant, de tout temps, certaines fêtes ou activités permettent une licence sexuelle. Les relations extraconjugales y sont dès lors tolérées. Ainsi en est-il, chez les chrétiens, du carnaval, encore très présent dans les Antilles et en Guyane, héritier des bacchanales romaines. Bien que très religieux, le carnaval chrétien repose sur l'inversion des valeurs (diable, mort…). Il offre l'occasion d'une soupape

à la morale rigide du reste de l'année. Les personnes masquées, ignorant (ou non) qui est leur partenaire de liesse, et n'ayant pas à se soucier d'une sanction sociale due à un écart, peuvent se rencontrer intimement.
Aujourd'hui, dans 17 États des États-Unis, l'adultère reste une faute pénale. Il en est de même au Maroc ou en Algérie. Si en France, l'adultère n'est plus une faute pénale depuis la loi du 11 juillet 1975, il demeure une faute civile. Une liaison suivie, une recherche internet ou une correspondance peuvent, selon l'appréciation du juge, être considérées comme une injure et conduire ce juge à prononcer un divorce pouvant être au tort de la personne adultère, s'il est considéré que le maintien du lien conjugal n'est plus possible (article 266 du Code civil).

UN AFFRONT PHYSIQUE ET MORAL

Pendant des siècles, la société a donc pris l'infidélité très au sérieux. Et même si, aujourd'hui en France, la justice ne la condamne plus pénalement, cet interdit nourrit encore la mentalité de la plupart d'entre nous qui vivons comme un sévère outrage l'infidélité de notre partenaire.
Après le choc de la découverte s'ajoute la souffrance morale qui associe, possiblement, du chagrin, de l'angoisse, de la honte, un sentiment de trahison, une mésestime de soi ou encore de l'humiliation. Autant de sentiments qui faisaient déjà dire, au XVIIe siècle, à Madame de La Fayette[1] que « l'on pardonne les infidélités, mais qu'on ne les oublie pas ». Certes, certains ou certaines vivent bien moins mal que d'autres l'infidélité de leur partenaire qu'iels découvrent ou supputent.

1. Lettre à Madame de Sévigné, *Œuvres complètes*, Pléiade, 2014.

Mais il existe alors des explications, comme l'écrit l'écrivaine Marcelle Auclair[1] : « J'ai supporté les infidélités de mon mari tant que j'ai aimé mon amant. » Ou Ninon de Lenclos[2], courtisane du Grand siècle connue pour son libertinage d'esprit et de conduite : « Jamais les hommes ne deviennent plus tendres, plus attachés, que lorsqu'on leur a pardonné une petite infidélité de passage. »

Cependant, en règle générale, l'infidélité fait mal ! Et même très mal ! Les réactions sont aussi nombreuses et variées que les personnes concernées. Il n'y a donc pas de « bonne » façon de réagir, car chaque individu est unique et vit – nous pourrions dire subit – cette épreuve à sa manière.

Les émotions couramment ressenties

- **La colère** est souvent la première émotion qui surgit. Elle peut se manifester de différentes façons, allant de la simple irritation à la rage incontrôlable. Elle est dirigée vers le partenaire, l'amant·e, l'entourage complice ou soi-même.
- **La tristesse** est une émotion inévitable face à une telle trahison. Elle peut se manifester par des pleurs, un sentiment de vide ou une perte d'intérêt pour les activités quotidiennes.
- **L'engourdissement.** L'infidélité peut être un tel choc qu'il peut être difficile de réaliser ce qui vient de se produire. On peut se sentir engourdi, comme si on était dans un rêve, et désorienté durant une période.
- **Un sentiment fort d'humiliation est possible.** Se sentir trompé·e peut profondément ébranler l'estime de soi.
- La confiance brisée par l'infidélité peut laisser place à une **méfiance généralisée**, non seulement envers le partenaire mais aussi envers les autres.

---

1. *Connaissance de l'amour,* Plon, 1960.
2. *Lettres au marquis de Sévigné*, Les Libraires associés, 1813 (numérisé sur le site Gallica).

- **La vengeance**. Certain·es peuvent ressentir un besoin irrépressible de se venger, que ce soit en infligeant la même douleur à l'autre ou en le punissant d'une manière différente.

Les réactions principales

Une réaction célèbre est celle de Médée, princesse colchienne[1] et personnage de la mythologie grecque, racontée par l'auteur tragique Euripide (480-406 av. J.-C.) dans sa pièce éponyme.

> ***L'éclairage littéraire***
>
> Médée tombe amoureuse de Jason, le chef des Argonautes, venu chercher la Toison d'Or. Pour l'aider dans sa quête, elle trahit son père et son pays, sacrifiant tout pour l'homme qu'elle aime. Ensemble, ils fuient la Colchide, emportant avec eux l'espoir d'un avenir heureux. Cependant, une fois leur aventure terminée, Jason, poussé par l'ambition et le désir de consolider son pouvoir, décide d'épouser Créuse, la fille de Créon, roi de Corinthe. Cette trahison est un coup terrible pour Médée, qui se voit abandonnée et humiliée. Face à cette trahison insupportable, Médée sombre dans la folie. Déterminée à faire payer à Jason et à Créuse leur infidélité, elle élabore un plan machiavélique. Sous couvert de paix, elle offre à Créuse une robe empoisonnée. Lorsque la princesse enfile la robe, son corps est consumé par les flammes. Le roi Créon, voulant sauver sa fille, entre dans le palais en feu et périt à son tour. Mais la vengeance de Médée ne s'arrête pas là. Consciente que ses enfants sont les derniers liens qui l'unissent à Jason, Médée décide de les tuer.

1. La Colchide était un royaume qui correspond de nos jours à une région de Géorgie.

> Elle les appelle à elle, sous prétexte de les protéger, puis les égorge froidement. Ce geste ultime, d'une cruauté inouïe, marque à jamais les esprits et scelle le destin tragique de Médée.

Tout le monde ne réagit pas, et c'est heureux, comme Médée, de manière aussi radicale, en découvrant l'infidélité de son·a partenaire. Pourtant, **l'homicide ou l'infanticide ne sont pas qu'un mythe.** Les faits divers annoncent trop souvent le meurtre d'enfants du couple par des individus qui ne se remettent pas d'une séparation[1]. Le mode de réaction de chacun dépend de son histoire familiale et sentimentale, de la nature de sa relation, des années passées ensemble, de son tempérament, de sa culture, de ses croyances religieuses, du type d'infidélité (passagère ou durable), des circonstances (voyage d'affaires, soirée arrosée, recherche sur les réseaux…), de la culpabilité du partenaire trompé qui a délaissé l'infidèle, de la manière dont la découverte se fait, de l'attitude du ou de la partenaire (s'iel nie ou admet, regrette ou non, etc.).

Notre personnalité influence également notre réaction : des personnes deviennent particulièrement courroucées lorsqu'il s'agit d'une infidélité physique (sexuelle), tandis que d'autres ressentent davantage de désarroi lorsque leur partenaire est impliqué émotionnellement. Pour ces derniers, créer un lien émotionnel en dehors de la relation est perçu comme plus grave qu'une aventure d'un soir ou une liaison de courte durée. Des études[2] ont montré que les hommes hétérosexuels seraient plus inquiets si leur femme couche avec un autre homme,

---

1. *Libération* du 12/4/24, « Fin novembre 2023, un homme de 41 ans, déjà condamné pour des violences familiales, s'était rendu dans un commissariat pour avouer le meurtre de ses trois filles âgées de 4 à 11 ans à Alfortville (Val-de-Marne). Il avait évoqué un contexte conflictuel avec son ex-conjointe au sujet de la garde des enfants. »
2. *Jealousy : Evidence of strong sex differences using both forced choice and continuous measure paradigms*, Mons Bendixen, Leif Edward Ottesen

quand les femmes seraient plus sensibles à un engagement sentimental pour une autre, même si aucun échange physique n'a eu lieu. Craindraient-ils une naissance dont ils ne seraient pas le père biologique ?

Certain·es songent à la **vengeance**. Pour évacuer la souffrance, beaucoup veulent renvoyer leur douleur sur leur partenaire et/ou sur son amant·e. Ils veulent le·a blesser. Souvent, la méthode choisie est de tromper à son tour son·a partenaire. D'autres vont commettre une infidélité non pas par esprit de vengeance, mais par souci d'équilibre et se débarrasser ainsi de leur ressentiment vis-à-vis de leur aimé. Ainsi Gabrielle, trompée par son mari, décide d'être infidèle avec un de ses anciens prétendants car, dit-elle, « ainsi je ne pourrai plus en vouloir à mon mari ». Un partout.

Plus fréquemment et immédiatement, d'autres vont **chercher un coupable**. Trouver un responsable permet une économie de notre psychisme et prévient l'impact traumatique, étant donné la simplicité du mécanisme mental impliqué. Invoquer un responsable évite aussi la recherche d'explications complexes ainsi que toute remise en question douloureuse. Nous fixons tout notre ressentiment soit sur notre partenaire, soit sur la personne avec qui iel a été infidèle. Désigner un coupable permet de relâcher la pression. Mais une fois l'explication trouvée, deux options s'offrent à nous : le pardon ou la séparation.

PARDONNER OU ROMPRE?

Un exemple emblématique de la littérature où un homme est trompé par sa femme mais finit par lui pardonner est celui du roman *Le Rouge et le Noir* de Stendhal, publié en 1830.

Kennair, David M. Buss. Personality and individual differences, vol. 86, nov. 2015, pp. 212-216.

Dans ce roman, l'un des personnages principaux, Monsieur de Rênal, est un maire provincial qui emploie un jeune précepteur, nommé Julien Sorel, pour ses enfants. Or Julien entame une liaison avec Madame de Rênal. Monsieur de Rênal découvre l'infidélité de sa femme lorsqu'elle lui avoue son amour pour Julien dans une lettre anonyme. Bouleversé, il la soupçonne d'avoir perdu toute moralité. Cependant, malgré sa douleur et sa colère initiales, il finit par pardonner à sa femme, en raison de l'influence des valeurs religieuses et sociales de l'époque, et par amour pour elle. Le pardon de Monsieur de Rênal est complexe et teinté de conventions sociales, mais il reflète la lutte intérieure d'un homme dévoué qui décide de passer outre l'humiliation pour préserver sa famille et son honneur.

Mais pardonner n'est pas oublier. Cela signifie avant tout que l'on souhaite poursuivre la relation. Et le pardon est plus facile à accorder si l'infidèle fait preuve de repentance. Le vrai pardon implique de ne pas chercher à faire payer l'autre de façon insidieuse ou plus directe par des reproches répétés. Si le ressentiment persiste malgré le pardon qu'on accorde, la souffrance ne disparaît pas. Un véritable pardon demande donc de se départir de son propre mal-être.

Si rompre est classiquement envisagé, **la séparation n'est, au fond, pas toujours souhaitée.** Elle est fréquente dans les cas où la fidélité était un engagement du couple. Les partenaires envisagent une pause, c'est-à-dire une séparation transitoire le temps de réfléchir, de faire payer l'autre tout en prenant la mesure de leurs propres sentiments. De transitoire, la séparation devient le plus souvent définitive du fait du sentiment de trahison, de la perte de confiance et de la prolongation de la souffrance.

CHOISIR DE NE PAS VOIR OU DE NE PAS DIRE...

Il est des personnes qui font le choix de ne rien dire, comme Jane, qui a découvert que son mari Elliott est infidèle.

C'est le cas de Jane

Plusieurs raisons peuvent expliquer le silence de Jane : elle a peur de possibles réactions violentes ou imprévisibles de son mari, ou plus simplement redoute la confrontation. Elle espère que l'infidélité restera un épisode isolé et qu'il sera possible de reconstruire leur relation, de sauver son mariage. Elle craint l'incertitude liée à une éventuelle séparation, notamment sur le plan financier ou social, ce que pourrait être l'inconnu. Elle se sent par ailleurs en partie responsable de l'infidélité de son mari, elle ne veut pas perdre l'amour de son conjoint, et finalement se sent coupable, de façon paradoxale, de cette infidélité. Elle choisit de privilégier la stabilité familiale, même au détriment de son propre bonheur.

Mais ce genre de décision peut parfois avoir des conséquences délétères. En effet, choisir de faire comme si de rien n'était peut générer une souffrance intérieure. Jane risque de souffrir en silence, ce qui peut affecter sa santé mentale et même physique, du fait des effets possibles du psychisme sur le corps. La trahison peut ébranler profondément sa confiance en elle comme dans les autres, et cela risque de s'aggraver avec le temps. Il lui sera sans doute difficile de construire un avenir serein tant qu'elle ne saura pas comment gérer cette situation. Enfin, même si elle choisit de ne rien dire, la relation avec son mari pourra continuer à se dégrader, en raison de la méfiance et de la souffrance intérieure qu'elle gardera.

REBONDIR?

Un nouveau chapitre dans la relation est parfois offert par une infidélité. En effet, **le coup de canif dans le contrat remet les pendules à zéro**. C'est l'occasion de définir de nouvelles règles, d'établir de nouvelles bases, qui vont parfois jusqu'au réengagement. Bien que cela puisse paraître surprenant de prime abord, certains couples décident de tourner la page et entament une relation plus intense, où le désir et l'attachement sont réactivés au sein du ménage. Toutefois, l'infidélité ne doit pas être justifiée comme une technique d'amélioration des relations dans un couple!
On observe aussi des réactions originales comme celle de Martine, qui a imposé à son mari une relation à trois, ou celle du couple formé par Pauline et Julien, qui ont choisi de devenir un couple libre.

C'est le cas de Martine
Quand elle a appris que son mari Noël avait une liaison avec son employée, Martine a proposé ou plutôt imposé à ce dernier une relation à trois. Cette proposition a rapidement mis fin à la liaison quand la maîtresse a compris qu'elle ne pourrait jamais devenir l'épouse de Noël. Cependant, ce mode de libido s'est poursuivi. Martine a compris que c'était le moyen de supporter l'infidélité de son mari qui, de fait, n'en était plus vraiment une à ses yeux dans ce cadre de triolisme. Des règles ont cependant été établies, notamment celle-ci: aucun des deux membres du couple ne peut avoir une relation sexuelle sans la participation de l'autre.
Martine et Noël ont ainsi trouvé un nouvel équilibre dans leur couple, et ce qui avait débuté comme un compromis est devenu un choix satisfaisant, et à les en croire, épanouissant.

Ce type de proposition ne convient évidemment pas à tout le monde. Dans d'autres cas que celui de Martine et Noël, il peut être interprété uniquement comme une pure stratégie et une tentative de sauver la relation. C'était d'ailleurs au début l'idée de Martine, espérant, à raison dans sa situation, raviver la flamme dans son couple et lui redonner un nouveau départ. Ce peut être aussi, poussé par la curiosité, l'occasion de vivre une expérience différente. On peut y voir aussi une forme de vengeance, l'envie de « rendre la monnaie de sa pièce » à Noël en lui infligeant la même douleur qu'elle a ressentie, en étant à son tour infidèle. C'est en tout cas un moyen de contrôle et une solution qui paraissent pour certain·es plus acceptables que la rupture. Pour d'autres, ce peut, hélas ! être une échappatoire dans un moment de souffrance et de désespoir, mais pas une solution viable à long terme. Les conséquences positives de cette décision sont une relance du désir dans le couple, voire un projet de vie sexuelle et d'ouverture aux autres en commun. Mais les conséquences peuvent être négatives si elles entraînent une souffrance psychologique, une mésestime de soi notamment si des limites ne sont pas établies en commun. C'est le piège dans lequel Pauline et Julien ne sont pas tombés.

C'est le cas de Pauline et Julien

Après une infidélité de la part de Pauline, celle-ci et Julien ont fait le choix de devenir un couple libre. Ils avaient toujours une forte affection l'un pour l'autre, mais le désir sexuel entre eux s'était éteint. En plus de cette affection mutuelle, ils ne souhaitaient pas se séparer car ils avaient des enfants, des centres d'intérêt communs et au quotidien s'entendaient bien. Ils se sont donc offerts à chacun la possibilité d'avoir des aventures sexuelles avec d'autres personnes, à la condition que celles-ci ne puissent venir dans leur foyer ni rencontrer les enfants. Ces aventures restent une distraction strictement personnelle, menée en dehors de la maison.

L'idée d'un couple libre peut revêtir différentes formes, allant de relations ouvertes où les partenaires ont la possibilité d'avoir des relations sexuelles avec d'autres personnes, à des relations polyamoureuses où plusieurs partenaires sont impliqués dans une relation amoureuse. Il est important de noter que la décision d'avoir une relation libre est un choix personnel qui doit être pris en toute connaissance de cause. Il est donc recommandé de bien peser le pour et le contre avant de s'engager dans ce type de relation.

Des couples libres comme Pauline et Julien peuvent être heureux là où les règles sont claires et où la communication est ouverte. Où les partenaires peuvent se sentir libres d'exprimer leurs désirs et leurs besoins. Une relation libre peut ainsi être une opportunité pour chacun d'explorer sa sexualité et de grandir en tant qu'individu. Et cette ouverture peut paradoxalement renforcer le lien entre eux en leur permettant de mieux se connaître et de développer une confiance mutuelle plus profonde.
Pour ceux pour qui l'expérience s'est avérée délétère, les raisons ont été plurielles :

- **La jalousie.** Même dans un couple libre, la jalousie peut surgir et mettre à mal la relation.
- **Le manque de communication.** Si les règles ne sont pas claires ou si la communication est défaillante, les malentendus et les blessures peuvent être nombreux.
- **La pression sociale.** Les couples libres peuvent faire face à des jugements de la part de leur entourage, ce qui peut finir par peser sur leur relation.
- **Les difficultés à établir des limites.** Il peut être en effet malaisé de définir un cadre précis et de respecter les besoins de chacun.
- **Le coup de foudre.** Personne n'est à l'abri de tomber amoureux·se de son « aventure », et d'avoir envie de rompre.

En résumé, le succès d'un couple libre repose sur u**ne communication ouverte et honnête** au sein du couple. Le dialogue est essentiel pour exprimer ses besoins, ses craintes et ses attentes. Il requiert aussi une **confiance mutuelle**. La confiance est le ciment de toute relation, y compris d'une relation libre. Chaque partenaire doit respecter les limites de l'autre et être capable de dire non. Enfin, les partenaires doivent s'apporter un soutien mutuel, même lorsqu'ils explorent d'autres relations. Pour certains couples, **une thérapie de couple** pourra être utile pour aborder les défis liés à ce type de relation.

EXISTE-T-IL UN PROFIL DE PERSONNE «TOUJOURS TROMPÉE»?

Il est possible que les hommes ou les femmes trompés de manière répétée dans leurs relations amoureuses puissent présenter certains traits ou caractéristiques. Des études seraient les bienvenues pour confirmer cela.

Généralement, ce sont des personnes qui après une première tromperie ne vont pas réagir de manière adéquate et vont permettre au partenaire adultérin de recommencer.

Parmi ces personnes, on dénombre celles qui, de part une **faible estime d'elles-mêmes**, de par leur vulnérabilité, vont avoir du mal à poser des limites et tolérer des comportements qui ne respectent pas leurs besoins.

Il y a aussi celles qui ont tendance à **choisir des partenaires indisponibles ou toxiques.** Il peut s'agir chez elles de reproductions inconscientes de schémas relationnels en raison de leur histoire personnelle (par exemple, des expériences familiales instables ou des relations passées marquantes). Il peut s'agir également d'attirance dommageables pour des partenaires narcissiques, manipulateurs ou émotionnellement indisponibles.

D'autres sont victimes d'une **idéalisation excessive de leurs partenaires. Leur vision est déformée,** au point d'ignorer ou de minimiser les signes d'infidélité. Ou bien cette idéalisation peut être liée à une peur de la solitude ou à une dépendance affective qui les pousse à tout accepter pour maintenir la relation.

On trouve aussi **les mystiques de l'amour** qui peuvent croire que l'amour doit être inconditionnel, sans considération pour leurs propres besoins. Elles peuvent penser que pardonner une infidélité est la seule manière de préserver l'amour, ce qui ouvre la porte à de nouvelles trahisons.

Le contexte culturel et social joue lui aussi un rôle. Dans certains environnements, les normes culturelles peuvent rendre l'infidélité plus tolérée ou banalisée, plaçant davantage de responsabilités sur la personne trompée que sur celle qui trompe. Dans des sociétés patriarcales, les femmes sont invitées à accepter des comportements inappropriés de leurs partenaires.

Individuellement, **les blessures émotionnelles ou traumatiques** (comme l'abandon ou la trahison dans l'enfance) peuvent créer des schémas qui se répètent dans les relations amoureuses. Ces blessures peuvent pousser inconsciemment vers des relations instables ou à faible engagement, propice à la tromperie.

Attention, être trompé·e de manière répétée ne signe pas une « faute » de la personne trompée, mais peut être le résultat de schémas psychologiques, émotionnels ou relationnels qu'on peut travailler à reconnaître et à changer. Un accompagnement thérapeutique aide souvent à rompre ces cycles répétitifs.

À L'INVERSE, EXISTE-T-IL UN PROFIL TYPE DU PARTENAIRE INFIDÈLE?

La capacité à se montrer infidèle, de façon circonstancielle ou répétée, est assez répandue. Tout comme l'incapacité pour d'autres à se conduire fidèlement malgré leur volonté.
Avant de développer plus avant les profils possibles du partenaire infidèle, voici une proposition de test psychologique pour évaluer votre fidélité en amour. Il est important de noter que ce test est un outil ludique, il ne remplace en aucun cas une évaluation psychologique approfondie. Faites-le test et/ou faites-le passer à votre partenaire, actuel ou futur!

Testez votre fidélité!

Répondez à chaque question en choisissant l'image qui vous parle le plus. Il n'y a pas de bonne ou de mauvaise réponse. Laissez-vous guider par votre intuition.

1. Si l'amour était un jardin, quel type de fleurs y pousserait selon vous?

A. Des roses rouges
B. Des tulipes colorées
C. Des racines profondes et solides comme des chênes
D. Des fleurs sauvages, libres et insoumises

2. Si l'amour était un voyage, quel moyen de transport choisiriez-vous?

A. Un avion
B. Un bateau
C. Un train
D. Une voiture

3. Si l'amour était une maison, quelle pièce serait la plus importante pour vous?

A. Le salon
B. La chambre
C. La cuisine
D. Le jardin

4. Si l'amour était une saison, laquelle serait-ce?

A. Le printemps
B. L'été
C. L'automne
D. L'hiver

5. Si l'amour était un objet, lequel serait-ce ?

A. Un miroir
B. Un livre
C. Une carte
D. Un puzzle

6. Si l'amour était une œuvre d'art, quel style le représenterait-il le mieux ?

A. Un portrait réaliste
B. Une abstraction
C. Un paysage
D. Une œuvre pop art, éclatante et pleine de vie

7. Si l'amour était un jeu, quel type de jeu serait-ce ?

A. Un jeu de stratégie
B. Un jeu de hasard
C. Un jeu de rôle, où chacun incarne différents personnages
D. Un jeu de construction

8. Si l'amour était un son, quel serait-il ?

A. Un murmure doux et apaisant
B. Un éclat de rire joyeux
C. Un rythme régulier et constant
D. Un crescendo passionné

9. Si l'amour était une saveur, laquelle serait-ce ?

A. Le sucré
B. Le salé
C. L'amer
D. L'acide

10. Si votre amour était une matière, laquelle serait-ce ?

A. L'eau

B. La pierre

C. Le feu

D. L'air

INTERPRÉTATION

Comptez :

3 points pour les réponses suivantes : 1D, 2D, 3D, 4A, 5A, 6B, 7B, 8B, 9B, 10D

2 points pour les réponses suivantes : 1A, 2A, 3B, 4B, 5B, 6D, 7C, 8D, 9D, 10A

1 point pour les réponses suivantes : 1B, 2B, 3A, 4C, 5C, 6A, 7A, 8A, 9A, 10C

0 point pour les réponses suivantes : 1C, 2C, 3C, 4D, 5D, 6C, 7D, 8C, 9C, 10B

Ceux et celles qui ont le plus de points présentent le plus de risques de se montrer infidèles – ce qui ne veut pas dire qu'ils le seront.

Ceux et celles qui ont le moins de points sont ceux et celles qui ont le plus de chances d'être fidèles – ce qui n'empêche pas qu'ils soient infidèles.

Le maximum de points de risque d'infidélité est de 30 points et le minimum de point est de zéro. La moyenne étant de 15, on peut y voir une position d'équilibre entre un risque d'infidélité et une saine capacité désirante.

L'infidélité, ou une certaine prédisposition

Mais qu'est-ce qui pousse une personne à transgresser les limites d'une relation ?

Les raisons sont multiples et complexes, s'enracinant souvent dans l'histoire personnelle de chacun et dans son fonctionnement psychologique, elles peuvent donc varier d'un individu à l'autre. Il peut s'agir d'un manque de satisfaction dans la relation actuelle, d'une quête de nouveauté, d'un besoin de se sentir désiré·e ou d'une simple impulsivité. Cependant, **l'infidélité dans un couple, quelle que soit la personnalité de ses membres, est souvent le symptôme d'un problème plus profond, qu'il soit individuel ou relationnel.**

> *L'éclairage scientifique*
>
> Des études scientifiques ont mis en évidence un lien entre les niveaux de testostérone et la tendance à rechercher des partenaires multiples. Mais cela ne dit rien de l'infidélité féminine. Quoi qu'il en soit, la biologie ne suffit pas, loin de là, à expliquer l'intégralité du phénomène. En revanche, notre lien d'attachement et notre personnalité jouent un rôle crucial.
>
> Nos expériences relationnelles premières, quand nous sommes enfant avec nos parents, façonnent **notre style d'attachement** – nous en décrirons les différents types (voir page 128). Ainsi, les individus ayant un attachement anxieux ont souvent une faible estime d'eux et craignent l'abandon. Ils vont s'attacher à leur partenaire avec une forte dépendance qui renforce leur fidélité, mais peuvent se lancer dans des relations impulsives pour se sentir aimés et valorisés quand ils sentent un éloignement de leur partenaire. Leur insécurité les pousse souvent à rechercher une validation constante auprès de plusieurs partenaires.

À l'opposé, les personnes ayant un attachement évitant ont du mal à s'engager émotionnellement. Elles peuvent avoir du mal à établir des liens profonds et préfèrent maintenir une distance affective. L'infidélité peut être un moyen de maintenir le contrôle et d'éviter l'intimité. Les personnes ayant eu un attachement dit désorganisé ont généralement connu des expériences traumatiques en bas âge, et ce style d'attachement se caractérise par une grande instabilité émotionnelle. Ces personnes, hommes ou femmes, peuvent avoir du mal à réguler leurs émotions et à construire des relations saines et durables. Au-delà des styles d'attachement, certaines **caractéristiques de personnalité** peuvent également prédisposer à l'infidélité : les individus impulsifs, connus pour aimer les prises de risques, recherchent constamment de nouvelles sensations et sont attirés par l'aventure. Au-delà du désir sexuel, l'infidélité peut être perçue comme un défi ou une manière de s'affirmer. C'est un profil plus fréquent chez les jeunes gens. La maturation neurologique du lobe frontal réduit la fréquence de ces conduites à risques après 25 ans. Les personnes trop sûres d'elle et de nature dominante, fortes de leur pouvoir supposé et de leur charisme, peuvent avoir tendance à sous-estimer les conséquences de leurs actes et à se sentir invulnérables. Les personnalités autocentrées, c'est-à-dire centrées sur elles-mêmes et en quête de reconnaissance, peuvent utiliser l'infidélité comme un moyen de manipuler les autres et de renforcer leur ego. Enfin les personnalités passionnées font de la passion et de la sensualité des moteurs essentiels. Elles peuvent avoir du mal à se contenter d'une seule relation et rechercher constamment de nouvelles expériences.

> Voilà quelques exemples de réactions possibles pour échapper à la souffrance et les motivations possibles des conduites infidèles.

COMMENT NE PLUS EN SOUFFRIR?

Il n'y a évidemment pas de réponse toute faite. L'infidélité est une expérience extrêmement difficile pour le couple, et il n'y a pas de solution unique pour y faire face. Cela dépendra de nombreux facteurs, notamment de la gravité de l'infidélité, de la nature de votre relation et de votre capacité à travailler ensemble pour surmonter cette épreuve. Certains couples peuvent être en mesure de travailler en commun pour reconstruire leur relation, tandis que d'autres peuvent décider que la séparation est la meilleure option.

La première mesure à prendre en découvrant l'infidélité de votre partenaire est d'effectuer des **tests d'infections sexuellement transmissibles** et d'éviter les relations sexuelles non protégées avec luiel tant que vous n'êtes pas sûr·e qu'iel n'a pas contracté d'infection.

Renseignez-vous aussi sur vos **droits légaux**, même si votre intention est de poursuivre la relation, surtout si vous êtes marié·e, pacsé·e, que vous avez des enfants et des biens en commun.

Gardez-vous de toute réaction violente ou de menaces vis-à-vis de votre partenaire, de son amant·e ou de vous-même. Si vous avez des idées noires, consultez au plus vite votre médecin traitant.

Réfléchissez avant de prendre des décisions à l'emporte-pièce comme déménager ou demander aussitôt le divorce. N'agissez pas sous le coup de l'émotion. Quand l'infidélité est découverte et attestée, il est important de prendre du temps pour respirer profondément, pour essayer de se calmer si besoin et pour prendre du recul face à la situation.

Cela peut vous aider à réfléchir de manière plus claire. Analysez ensuite vos options et pensez à ce que vous voulez pour votre relation. Mais avant tout, accordez-vous du temps pour « digérer » la situation. Pour assimiler mentalement et affectivement ce qui vient de se passer.
Une attitude fondamentale pour faire face à l'infidélité est de **communiquer ouvertement** et honnêtement. Vous et votre partenaire devez être disposés à parler de vos sentiments, de vos peurs et de vos attentes, sans jugement ni critique. Cette discussion pourra aider à clarifier les raisons pour lesquelles l'infidélité est survenue, ainsi que les problèmes sous-jacents qui ont peut-être contribué à la situation. Essayez de comprendre pourquoi cela s'est produit et si votre partenaire est prêt à travailler à la reconstruction de la relation.
Il est aussi important de **prendre soin de vous-même** pendant cette période difficile. Parlez de ce qui vous arrive à des personnes de confiance. Exprimer vos émotions peut être très libérateur. Prenez soin de votre esprit et de votre corps. Continuez de manger équilibré et de vaquer à vos activités habituelles, dormez suffisamment et accordez-vous des moments de détente. Faites des choses que vous aimez, passez du temps avec vos amis et la famille, et cherchez du soutien auprès de personnes de confiance. Faites-vous accompagner par vos amis et si la douleur est impossible à supporter, par un psychologue ou psychiatre.
Prenez la mesure de vos propres sentiments et besoins, ainsi que ceux de votre partenaire. Évaluez les différentes options qui s'offrent à vous et ce qui paraît le mieux pour vous et votre bien-être émotionnel : pardonner, tenter de réparer la relation ou mettre un terme à cette histoire. Rappelez-vous que vous n'êtes pas seul·e dans cette épreuve. De nombreuses personnes ont en effet traversé cette expérience et en sont sorties renforcées. En fin de compte, la décision de rester ou de partir dépend de chaque situation individuelle.

Et si votre partenaire nie tout?

Découvrir l'infidélité d'un partenaire est une situation extrêmement douloureuse et déstabilisante. Mais la souffrance monte d'un cran encore quand le partenaire nie l'évidence. Face au déni de votre partenaire, il est normal de vous sentir perdu·e et de ne pas savoir comment réagir.

Commencez par **exprimer clairement vos sentiments et vos besoins**. Soyez direct·e pour expliquer ce qui vous a amené·e à douter de sa fidélité. Utilisez le pronom « je » pour éviter de l'accuser directement et favorisez un dialogue constructif. Soyez précis·e. Citez des faits ou des comportements spécifiques qui vous ont alerté·e.

Faites-lui part, dans un autre temps, de ce dont vous avez besoin pour avancer, que ce soient des explications, des excuses ou simplement du temps pour réfléchir. Par exemple : « J'ai trouvé ces messages avec ta collègue de travail et cela m'a profondément blessé·e. J'ai besoin que tu m'expliques ce qui s'est passé et que tu me dises si tu m'as été fidèle. »

Malgré votre colère, écoutez attentivement sa réponse. **Donnez-lui l'opportunité de s'exprimer et d'expliquer son point de vue.** Encouragez-le à donner des détails en utilisant des questions ouvertes : « comment, « pourquoi », « qu'est-ce qui t'a conduit à… ». Évitez les accusations. Même en colère, essayez de garder votre calme et d'éviter de le blâmer.

Faites confiance à votre intuition : si vous avez des doutes persistants, il est important de les écouter.

Et après?

Qu'iel nie ou pas, prenez du temps pour réfléchir. Encore une fois, une telle découverte nécessite du temps pour être digérée. Éloignez-vous de la situation si nécessaire. Si vous vous sentez submergé·e par les émotions, accordez-vous une pause, offrez-vous du recul. Allez par exemple passer quelques jours chez une cousine, un ami.

Si vous décidez de rester dans la relation, de donner une seconde chance à votre partenaire, il est important que vous et votre partenaire soyez disposés à travailler de concert pour résoudre les problèmes sous-jacents et reconstruire la confiance perdue. Ainsi, il sera indispensable de mettre en place des règles claires. Quel que soit votre degré de souffrance, il peut être utile de chercher de l'aide auprès d'un conseiller conjugal ou d'un psychothérapeute pour travailler sur la communication, la confiance, comprendre les raisons pour lesquelles l'infidélité s'est produite, et soigner si besoin le couple. Le processus de guérison émotionnelle peut prendre du temps et nécessite beaucoup de travail sur soi. Il est important que les deux partenaires soient patients et qu'ils œuvrent ensemble pour trouver des solutions à leurs problèmes. Le pardon peut être une partie importante du processus, mais cela ne signifie pas nécessairement oublier ou minimiser la gravité de l'infidélité. Il s'agit plutôt de reconnaître la douleur et la souffrance qu'elle a causées, de travailler à la guérison et d'essayer ensemble de reconstruire une relation plus forte et plus saine.

Si vous décidez de mettre un terme à la relation, parce que la douleur est trop grande ou que la trahison est irréparable, il est important que vous preniez le temps de guérir et de vous occuper de vous-même. Surtout, ne considérez pas que vous avez échoué puisque toutes les histoires ont un début, un milieu et une fin, et que vous avez su tourner vous-même la dernière page.

Dites-vous que la meilleure solution, ou la moins mauvaise, est celle qui vous apportera un équilibre spirituel et la paix intérieure. Les blessures causées par une infidélité ne s'effacent souvent pas avec le temps et sont difficiles à cicatriser. Une réconciliation est toujours possible, mais la peur persiste habituellement et pour longtemps. Certes, le pardon soulage les deux membres d'un couple, mais il n'est pas possible pour tout le monde.

S'il est impossible, une séparation saine est la meilleure solution pour une bonne guérison.
Cependant, si vous percevez la trahison comme un acte isolé et que vous êtes convaincu·e que cela ne se reproduira plus, donnez-luiel, donnez-vous une seconde chance. Chacun a droit à une deuxième chance, mais l'infidèle doit prouver son affection sincère et un repentir véritable. Pardonnez si vous en êtes capable et si vous souhaitez continuer la relation. Mais si votre estime de vous-même est trop atteinte et que votre cœur est trop meurtri pour continuer, mettez fin à la relation avec la personne qui vous a blessé·e. C'est alors le moment de guérir progressivement, de vous relever et de regarder à nouveau vers l'avenir, avec espoir.

Retenez que si l'infidélité est une épreuve, la crainte de l'infidélité est en soi une souffrance, à la fois pour celui ou celle qui la ressent (le jaloux ou la jalouse) mais aussi pour celui ou celle qui est victime des comportements jaloux de son·a partenaire.

JE SUIS JALOUX·SE

La jalousie est une émotion complexe considérée comme normale à un certain degré qu'on définira. Elle est universellement partagée, mais peut-être source de grande souffrance. Elle constitue une facette inhérente à la nature humaine. Dans le domaine amoureux, elle se manifeste lorsqu'une personne ressent un sentiment d'insécurité, de peur ou d'anxiété lié à la possibilité de perdre l'affection ou l'attention de son ou de sa partenaire. Elle est souvent déclenchée par la perception d'une menace réelle ou imaginée pour la relation, par la crainte d'une éventuelle trahison. Elle concerne la place que nous occupons dans le cœur de celui ou de celle que nous aimons et qui est censé·e nous aimer en retour.
S'il vous est probablement arrivé de ressentir cette sensation à un moment donné de votre existence, la jalousie devient problématique lorsqu'elle s'installe dans un schéma où vous harcelez l'être aimé et nourrissez des fantasmes négatifs à l'égard de vos rivaux.
Quelle que soit l'époque ou la culture, quand la jalousie s'installe, elle est source de mal-être.

L'éclairage historique

La perception de la jalousie amoureuse a varié considérablement au fil des époques et au travers des cultures, reflétant les normes sociales, les valeurs et les croyances propres à chaque société.

Dans les civilisations antiques, la jalousie était souvent perçue comme un aspect inévitable des relations humaines, notamment dans le contexte amoureux. Les philosophes classiques tels Platon et Aristote abordaient la jalousie comme une émotion à la fois destructrice et potentiellement informative sur les dynamiques relationnelles. Dans certaines périodes des cultures grecques et romaines, la jalousie pouvait être tolérée dans la mesure où elle était considérée comme une manifestation naturelle des passions humaines.

Au cours du Moyen Âge, la jalousie était souvent raccordée aux notions de vertu et de péché, avec une forte connotation morale et religieuse. La jalousie offensait Dieu, au même titre que l'envie, et à ce titre devait être réprouvée.

À la Renaissance, les idées sur la jalousie ont évolué vers une exploration plus psychologique, avec des écrivains comme Shakespeare examinant les motivations complexes s'abritant derrière ce sentiment.

Au XIXe siècle, la jalousie était souvent perçue comme une réaction naturelle, mais des mouvements romantiques sont allés jusqu'à glorifier le chagrin amoureux causé par la jalousie.

Au XXe siècle, les crimes dit passionnels, motivés par la jalousie, ont longtemps bénéficié d'une certaine tolérance de la part des juges.

Sur le plan culturel, il existe des variantes. Dans certaines cultures orientales, la jalousie pouvait et peut encore être perçue différemment qu'en Occident. Par exemple, au Japon, la discrétion émotionnelle est souvent valorisée, et l'expression ouverte de la jalousie peut être considérée comme socialement inappropriée. En revanche, certaines cultures du Moyen-Orient peuvent mettre davantage l'accent sur la protection de l'honneur familial, où la jalousie peut être justifiée comme une réaction qui s'impose.

Aujourd'hui, les attitudes envers la jalousie sont diverses et complexes. Alors que la jalousie est souvent considérée comme naturelle, la façon dont elle est exprimée et gérée varie en fonction des normes communautaires et des valeurs individuelles. Les avancées dans le champ de la psychologie mènent à des approches plus nuancées de ce sentiment qui peut être considéré comme une pathologie.

L'AMOUR, ENTRE SATISFACTION ET TOURMENT

Pilier fondamental de nos existences, l'amour contribue à notre édification en tant qu'adulte. Pour la personne jalouse, l'amour devient un paradoxe : il engendre à la fois satisfaction et tourment, et suscite une inquiétude constante quant à sa possible perte. Le désir de posséder l'autre, ce qui est propre au grand jaloux, engendre une dépendance croissante. La jalousie n'est pas synonyme de l'envie, comme on pourrait le penser. L'envieux veut ce que l'autre possède tandis que le jaloux craint de perdre son bien (aimé) au profit de l'autre. Chez le jaloux extrême, dit pathologique, l'attention portée à l'aimé·e n'est pas soumise au désir de s'assurer de son bien-être, mais davantage de veiller à ce que l'aimé·e ne partage pas du bien-être avec autrui. Chez certain·es, la jalousie, quand elle est jugée anormale, est une véritable drogue qui perpétue une vision irréaliste de la vie. C'est pourquoi aucune référence à la réalité ne parvient alors à apaiser une personne jalouse de façon pathologique, qui éprouve une souffrance émotionnelle intense, influencée par divers facteurs psychologiques et émotionnels.

> ***L'éclairage littéraire***
> La littérature s'est, il y a des siècles déjà, fait l'écho de cette souffrance humaine. Le cas le plus célèbre en occident est celui d'Othello, raconté dans une tragédie théâtrale par Shakespeare à l'aube du XVIIe siècle.
> Othello, un général maure au service de Venise, est un homme respecté et courageux. Il épouse Desdémone, une jeune femme vénitienne de haute naissance, contre l'avis de son père. Leur amour est sincère, mais leur union fragile, car elle défie les conventions sociales de l'époque. Iago, un lieutenant d'Othello, nourrit une profonde rancœur envers son supérieur. Il a été écarté d'une promotion et soupçonne Othello d'avoir une liaison avec sa femme, Emilia. Pour se venger, Iago met en place un plan machiavélique pour détruire la réputation et le bonheur d'Othello. Iago va semer le doute dans l'esprit d'Othello en lui faisant croire que Desdémone le trompe avec Cassio, un autre lieutenant. Il manipule des indices et des situations pour renforcer les soupçons d'Othello, qui devient de plus en plus jaloux et paranoïaque. Possédé par la jalousie, Othello accuse Desdémone d'infidélité et la tue dans un accès de rage. C'est alors qu'il réalise l'étendue de la tromperie d'Iago. Il se suicide, rongé par le remords.

Heureusement, toutes les personnes jalouses n'évoluent pas comme ce personnage tragique. Voici les sentiments qui forment le cortège de la jalousie ordinaire ou plus marquée.

- La jalousie est souvent accompagnée d'une **anxiété** persistante, liée à la peur de perdre l'amour ou l'attention du partenaire.

Les pensées obsédantes sur l'infidélité ou la possibilité d'être abandonné·e peuvent générer une anxiété chronique.

- La jalousie découle souvent d'une profonde **insécurité émotionnelle**. Le·a jaloux·se peut douter de sa propre valeur et craindre de ne pas être à la hauteur des attentes du partenaire, ce qui contribue à un sentiment général d'insécurité. La jalousie conduit quelquefois à une dévalorisation de soi, avec des pensées négatives sur sa propre apparence, ses compétences ou sa capacité à maintenir une relation. Il arrive que le·a jaloux·se se perçoive comme inférieur·e ou indigne d'amour.
- Le sentiment de jalousie s'accompagne volontiers de **colère**, dirigée soit vers le partenaire considéré, soit vers l'objet du désir de son partenaire, soit vers soi-même. La colère peut être une réaction à la frustration, au sentiment d'injustice ou à la peur de ne pas être suffisamment aimé·e.
- La jalousie engendre parfois un profond sentiment de **tristesse**, surtout lorsque le jaloux imagine des scénarios négatifs ou anticipe la perte de la relation. La peur constante de l'abandon peut en effet conduire à des épisodes de tristesse intense.
- La jalousie peut conduire à un **isolement émotionnel**, car le jaloux peut avoir du mal à faire confiance et à s'ouvrir à son partenaire. À l'extrême, la personne jalouse peut chercher à renoncer à aimer, à l'amour, pour ne plus subir les affres de la jalousie. Cet isolement crée un cercle vicieux où la peur de voir la relation se dissoudre peut contribuer à la création de barrières émotionnelles.
- La **détresse émotionnelle** en lien avec la jalousie peut se manifester physiquement, entraînant des symptômes tels que des maux de tête, des troubles du sommeil, des troubles gastro-intestinaux et d'autres manifestations du stress.

- Il n'est pas rare que le jaloux ressente le besoin compulsif de surveiller constamment son ou sa partenaire, ce qui peut entraîner une **détresse psychologique**. La surveillance constante est source d'épuisement et contribue à une souffrance mentale continue. La personne jalouse se sent impuissante face à ses propres émotions et à la dynamique de la relation. Et le sentiment de ne pas pouvoir contrôler la situation aggrave encore cette souffrance.

Testez votre degré de jalousie!

Attention ! Aucun test n'a une valeur absolue et ne pose de diagnostic.

Répondez à chacune des questions, le plus sincèrement possible, en fonction de la manière dont vous vous sentez. Choisissez la proposition qui vous correspond le mieux et comptez alors 1 point.

Si aucune des deux propositions ne convient, choisissez celle dont vous êtes le plus proche (ou le moins éloigné·e).

Si aucune des deux ne vous convient, n'en cochez aucune !

1. Imaginez votre partenaire discutant avec quelqu'un de votre sexe. Ils sont :

A. À la terrasse d'un café

B. Sur le banc d'un parc

2. Si vous deviez attribuer une forme géométrique à votre amour, ce serait :

A. Un triangle

B. Un carré

3. Pour vous, argent rime avec :

A. Puissance

B. Divertissement

4. Après votre mort, si vous pouviez, vous choisiriez de vous réincarner :

A. En tigre

B. En éléphant

5. On vous demande de dessiner un arbre. Spontanément, vous représentez :

A. Un baobab

B. Un saule pleureur

6. Dans l'avenir, comment envisagez-vous votre relation amoureuse ?

A. Solide et sans nuage

B. Tendue

7. Vous êtes tranquillement allongé·e, imaginez un ballon. Ce ballon est :

A. En mouvement

B. Immobile

8. Vos petits problèmes de santé s'apparentent plutôt à :

A. Des problèmes de peau

B. Des maux de dents

9. Quelle couleur définit le mieux votre amour ?

A. Le jaune

B. Le rouge

10. Parmi ces deux planètes, laquelle vous va le mieux ?

A. Saturne

B. Jupiter

11. Vous préférez le mode de vie :

A. À la scandinave

B. À l'italienne

12. Laquelle de ces deux situations vivez-vous le plus mal ?

A. Vos amis annulent en dernière minute la soirée que vous avez organisée.

B. Les amis de votre partenaire débarquent sans prévenir.

13. Croyez-vous être assez bien pour votre partenaire ?

A. Plutôt oui

B. Plutôt non

14. Êtes-vous fumeur ?

A. Non

B. Oui

15. Selon vous, les crimes passionnels devraient :

A. Être plus sévèrement punis

B. Bénéficier de circonstances atténuantes

INTERPRÉTATION

Comptez 1 point pour les réponses suivantes :

1A, 2A, 3A, 4A, 5A, 6A, 7A, 8B, 9B, 10B, 11B, 12B, 13B, 14B, 15B.

De 0 à 5 points : Vous n'êtes pas jaloux·se.

Cela ne signifie pas, bien entendu, que vous n'êtes pas attaché·e à l'autre, mais vous avez un attachement oblatif, qui fait fi du sentiment de propriété. Vous n'avez pas besoin d'être l'unique objet d'amour de celui ou celle que vous aimez pour l'aimer, ce qui ne veut pas dire que vous acceptez l'infidélité et le manque de sincérité en amour. Vous aimez votre partenaire sans égoïsme. Pour vous, il y a plus d'amour-propre que de véritable amour dans la jalousie.

De 6 à 9 points : Vous êtes un·e gentil·le jaloux·se.

Votre jalousie ne s'exprime qu'à certaines occasions. Soit quand vous doutez de vous lors d'une baisse de régime de votre moral, soit parce que vous doutez de votre partenaire qui manifeste objectivement un intérêt pour quelqu'un d'autre ou qui se met à vous cacher des choses. Bref, votre jalousie n'est pas sans raison. Elle est surtout perçue comme une marque d'affection et non pas comme une attitude liberticide. Il arrive d'ailleurs que votre partenaire s'amuse à réveiller votre jalousie dormante pour maintenir votre désir en éveil. Mais si elle devient trop importante, travaillez dessus, comme sur votre éventuelle hypersensibilité.

De 10 à 15 points : Vous êtes de nature jalouse.

Si votre partenaire rentre tard, téléphone à des inconnus·es ou ne se montre pas tendre, vous imaginez qu'iel ne vous aime plus et désire quelqu'un d'autre. Cette émotion est parfois envahissante et votre sensibilité repère tout ce qui pourrait l'aviver. Il vous arrive alors de le·a questionner, voire d'aller jusqu'à contrôler son téléphone portable ou de fouiller ses poches. Vous justifiez cette jalousie par votre peur de perdre l'autre. La difficulté de lui faire confiance est nourrie par des trahisons passées (en famille, en amitié ou en amour) et plus globalement par un manque de confiance en vous. Avez-vous eu, lorsque vous étiez enfant, des problématiques d'attachement importantes (abandon, relation toxique, parent distant, carence émotionnelle, jalousie vis-à-vis d'un frère ou d'une sœur), des blessures narcissiques qui peuvent se traduire aujourd'hui par une certaine dépendance affective ? Quelle qu'en soit la cause, travailler sur vous-même vous aidera à ne plus voir votre partenaire comme un simple soutien sur lequel vous appuyer comme sur une béquille, mais comme un égal de confiance. En cas de jalousie maladive, une aide psychologique sera nécessaire, notamment pour tarir une éventuelle mésestime de soi, une insécurité ou une dépendance affective qui en font le lit.

MAIS D'OÙ VIENT NOTRE JALOUSIE?

La jalousie est un phénomène complexe qui peut avoir des origines psychologiques et psychanalytiques variées, surtout quand elle est intense. Il est important de noter que chaque individu est unique, les origines de la jalousie diffèrent donc d'une personne à l'autre. Si votre partenaire ou vous-même êtes jaloux·se, il est important de repérer la source qui vous semble la plus plausible pour mieux la traiter.
Individuellement, la jalousie peut prendre différentes formes, allant de légères inquiétudes occasionnelles à des sentiments intenses et parfois irrationnels. Cette crainte peut découler de divers facteurs, tels que **la présence d'une tierce personne dans la vie du partenaire ou des signes perçus de désintérêt**. Les individus très jaloux ont volontiers tendance à se comparer aux autres, que ce soit physiquement, intellectuellement, émotionnellement ou socialement. Cette comparaison peut intensifier les sentiments d'insécurité et contribuer à la jalousie.

La crainte de l'infidélité est souvent au cœur de la jalousie amoureuse. Les pensées obsessives sur la fidélité du partenaire, même en l'absence de preuves concrètes, peuvent conduire à des comportements de surveillance et de contrôle. La jalousie peut déclencher des réponses émotionnelles intenses, on l'a vu, telles que la colère, la tristesse, l'anxiété ou même la dépression. Ces réactions peuvent être disproportionnées par rapport à la situation réelle. La personne jalouse peut être encline à surveiller les activités de son partenaire, en vérifiant les messages sur son smartphone, en questionnant ses déplacements ou en cherchant des signes de comportement suspect.

Une mauvaise communication au sein du couple favorise l'installation de la jalousie. Or cette communication peut se dégrader en raison de la jalousie. Les malentendus, les accusations et les confrontations fréquentes peuvent finir par créer des tensions et affecter la qualité de la relation.
Il est important de noter que la jalousie amoureuse n'est pas toujours irrationnelle, et que dans certains cas, elle peut être basée sur **des comportements inadéquats réels de la part du partenaire**. Cependant, la gestion saine de la jalousie implique de développer la confiance mutuelle, d'améliorer la communication et de travailler sur les aspects émotionnels sous-jacents qui contribuent à ce sentiment.

COMMENT ÉVOLUE-T-ELLE?

La jalousie amoureuse varie d'une personne à l'autre en raison de divers facteurs, notamment les expériences de vie, les traits de personnalité, les valeurs, les croyances et les modèles relationnels.
Chez une même personne, elle peut évoluer selon l'âge. En effet, en devenant plus âgé, on peut gagner en confiance en soi ou en sagesse et il n'est pas rare que l'on soit moins en proie à la jalousie. À l'inverse, certains tempéraments se rigidifient avec l'âge, et une méfiance tous azimuts va croissant. La jalousie évolue aussi en fonction du partenaire qui peut nous placer plus ou moins en sécurité affective. Les expériences individuelles antérieures, en particulier dans les relations amoureuses, jouent un rôle majeur dans la manière dont une personne perçoit et réagit à la jalousie. **Une peur intense de l'abandon remontant à la petite enfance rendra plus enclin à la jalousie**, avec la crainte permanente de perdre l'affection ou l'attention de ses proches. Des expériences traumatiques, d'abandon ou de rejet dans l'enfance peuvent créer

des blessures émotionnelles qui se manifestent plus tard sous la forme de jalousie pathologique.

La jalousie fraternelle infantile (rivalité par rapport à l'amour parental) est aussi une source de la jalousie amoureuse. Les blessures émotionnelles, les ruptures douloureuses ou à l'inverse des expériences positives en amour peuvent influencer la sensibilité à la jalousie.

Les modèles de comportement observés chez les parents ou les figures d'attachement eux-mêmes plus ou moins jaloux peuvent également influencer la manière dont une personne perçoit et réagit à la jalousie.

Enfin, les styles d'attachement, formés au cours de l'enfance en fonction des interactions avec les figures d'attachement (généralement les parents) influencent la façon dont une personne gère la proximité émotionnelle et perçoit la sécurité dans les relations. **Les personnes avec un attachement sécurisé sont souvent moins enclines à la jalousie**, tandis que celles avec un attachement anxieux ou évitant (on verra plus loin leur définition précise) peuvent être plus susceptibles.

UNE ÉMOTION RAREMENT ORPHELINE

L'estime de soi et la confiance en soi jouent un rôle crucial dans la façon dont une personne réagit à la jalousie. Les individus avec une confiance en soi élevée peuvent être plus résilients face aux menaces perçues.

La jalousie amoureuse peut contenir parmi ses racines une **mésestime de soi** : le sujet touché peut douter de sa propre valeur et craindre que son·a partenaire ne le juge insatisfaisant. Si une faible estime de soi, quelle qu'en soit l'origine, peut contribuer à la jalousie, c'est que l'individu peut percevoir les autres comme étant supérieurs ou plus dignes d'amour et d'attention qu'eux-mêmes, et finit par trouver logique que son partenaire le quitte pour ces rivaux admirés.

Les complexes d'infériorité, souvent liés à des expériences passées, peuvent être exacerbés par des sentiments de jalousie envers les personnes perçues comme supérieures. Si une personne dépend fortement de la validation externe pour se sentir valorisée, elle sera plus sujette à la jalousie.
On observe également chez la personne jalouse **un sentiment de compétition** constant avec les autres, comme pour prouver sa valeur et obtenir une reconnaissance constante, qui lui fait voir autrui comme un·e rival·e susceptible de lui prendre l'être aimé.
Des traits de personnalité, tels que **l'ouverture, la stabilité émotionnelle, l'extraversion et la névrose**, peuvent influencer la propension à la jalousie. Par exemple, une personne anxieuse ou ayant une forte névrose peut être plus encline à l'inquiétude et à la jalousie. Un manque de compétences en matière de régulation émotionnelle peut conduire à des réponses jalouses face à des situations qui déclenchent l'insécurité émotionnelle. La difficulté de certains individus à tolérer l'incertitude dans leurs relations entraîne des comportements jaloux pour tenter de maintenir un sentiment de contrôle.

Du point de vue psychanalytique, des théoriciens tel Freud ont exploré la jalousie comme **un aspect des conflits inconscients**, souvent liés à des problèmes non résolus liés à la rivalité, à une homosexualité refoulée et à l'identification dans l'enfance à des parents jaloux.
Les normes culturelles et sociales, on l'a vu, jouent un rôle majeur dans la définition de ce qui est considéré comme acceptable ou inacceptable en matière de jalousie. **Les valeurs individuelles**, y compris les croyances sur l'amour, la fidélité et la relation idéale, contribuent à la manière dont une personne interprète les situations potentiellement déclenchantes de jalousie.

Des différences de valeurs peuvent ainsi entraîner des variations dans la tolérance à la jalousie.
Des croyances irrationnelles sur l'amour, la valeur personnelle ou la compétitivité peuvent aussi alimenter la jalousie. De même que des schémas relationnels dysfonctionnels au sein d'un couple – notamment des dynamiques de contrôle, de possessivité ou de méfiance. À l'inverse, la qualité de la communication et les compétences relationnelles d'une personne influent sur la manière dont elle exprime et gère la jalousie. Une communication ouverte et des compétences de résolution de conflits peuvent atténuer les effets négatifs de la jalousie.
Au vu de toutes ces approches possibles, qui peuvent d'ailleurs cohabiter chez un même individu, force est de reconnaître que la jalousie peut être multidimensionnelle. C'est que la jalousie amoureuse varie en fonction de la combinaison unique de facteurs individuels qui façonnent la personnalité, les expériences et les attitudes d'une personne envers les relations amoureuses. Comprendre ces différences peut être essentiel pour construire des relations saines et favoriser une compréhension mutuelle. **Une compréhension approfondie nécessite souvent une exploration individuelle, notamment grâce à une psychothérapie.** En effet, les professionnels de la santé mentale peuvent aider à identifier les origines spécifiques de la jalousie et à développer des stratégies pour gérer et traiter ce sentiment source de souffrance.

LES NOUVEAUX FACTEURS DE LA JALOUSIE

Certains individus jouissent de rendre volontairement leur partenaire jaloux·se. À cela, plusieurs raisons. Leur motivation se loge dans le plaisir qu'ils tirent à faire souffrir l'autre, pouvant aller jusqu'à de la perversité, ou plus simplement par

immaturité affective qui leur fait croire que la jalousie de leur partenaire est une preuve d'amour.
Certains sont si doués qu'ils peuvent éveiller de la jalousie chez le moins jaloux d'entre nous. À eux, ou à nous, de repérer ce jeu pour y mettre un terme.

Tricher sans tromper

C'est l'occasion d'évoquer ce nouveau terme anglo-saxon dans le langage de l'amour qui est le *microcheating*, qu'on peut traduire par « microtromperie ». Ce terme désigne un comportement général qui correspond à une série d'attitudes mineures, mais qui témoignent de la part du partenaire **d'une attention jugée excessive sur quelqu'un d'autre hors de la relation**. Ce n'est pas une tromperie *stricto sensu*, mais des conduites de séduction ou de familiarité jugées inquiétantes, comme suivre ardemment sur les réseaux sociaux, retirer son alliance, mentir sur sa situation sentimentale pour plaire à quelqu'un, maintenir une connexion émotionnelle ou intime avec un·e ex. Si vous êtes victime de *microcheating*, il convient, sans emportement, de pointer ces attitudes avec votre partenaire, de communiquer sur le sujet, de vous écouter mutuellement, avec honnêteté et bienveillance, de verbaliser et de communiquer sur vos ressentis et les siens. Ensemble, vous adopterez une définition commune de la fidélité et de la tromperie afin de clarifier la relation pour renforcer votre lien. Vous établirez des règles communes afin que personne ne se sente ni blessé, ni emprisonné.

Ghoster

Le *ghosting* est un terme relativement nouveau qui décrit un phénomène de plus en plus fréquent dans les relations amoureuses, notamment avec l'essor des rencontres en ligne. Il s'agit de la **disparition soudaine et sans explication d'une personne de la vie d'une autre**.

Le *ghosteur* coupe tout contact du jour au lendemain, sans avertissement ni message d'adieu, laissant la personne *ghostée* dans le doute et la confusion. Pourquoi le *ghosteur* agit-il ainsi ? Ce peut être par lâcheté : il veut éviter la confrontation et la discussion difficile d'une rupture.
Il peut plus simplement ne plus être intéressé par la relation et préférer disparaître plutôt que de dire la vérité.
Ce peut être aussi par immaturité émotionnelle. Le *ghosteur* peut ne pas savoir comment gérer ses émotions ou mettre fin à une relation de manière saine.
Mais c'est aussi pour certain·es un jeu sadique, avec le plaisir de faire souffrir l'autre.
Les conséquences du *ghosting* peuvent être importantes pour la personne qui le subit. La victime ne comprend pas les raisons de la rupture et peut ressentir un sentiment de rejet et de désespoir. Le *ghosting* peut amener la personne à se remettre en question et à douter d'elle-même. Il peut être difficile de faire à nouveau confiance après avoir été ghosté·e. La personne ghostée peut aussi ressentir de la colère et du ressentiment envers le *ghosteur*. Au début surtout, cela peut susciter de la jalousie.

C'est le cas de Léa

Léa sort avec Thomas depuis quelques mois. Leur relation semble sérieuse, ils se voient régulièrement et se confient beaucoup. Soudain, Thomas cesse de répondre à ses messages, ne se présente plus à leurs rendez-vous et disparaît complètement de sa vie. Léa est dévastée. Elle se demande ce qu'elle a bien pu faire de mal, si elle a dit quelque chose qui a provoqué cette situation Elle commence à imaginer qu'il a rencontré quelqu'un d'autre, ce qui la rend très jalouse. Cette jalousie est amplifiée par le manque d'explications de Thomas, qui ne lui laisse aucune possibilité de comprendre ce qui s'est passé.

Dans cet exemple, la jalousie est une réaction naturelle face à l'incertitude et au rejet. Léa cherche désespérément une explication à la disparition de Thomas, et l'infidélité est souvent la première hypothèse qui vient alors à l'esprit. Cependant, tout du moins dans cette situation, il est important de rappeler que la jalousie ne résoudra pas le problème, et que la meilleure façon de surmonter cette épreuve est de vous concentrer sur vous-même, de vous rappeler que vous n'êtes pas responsable de ce qui s'est passé et que vous méritez une relation saine et respectueuse, et de chercher du soutien auprès de vos proches.

Renvoyer une image biaisée du couple

Dans un autre registre, **les médias sociaux aujourd'hui jouent un rôle significatif dans la dynamique de la jalousie amoureuse**, en introduisant de nouveaux éléments et en modifiant la manière dont les individus interagissent et perçoivent leurs relations. Ces médias permettent aux individus de présenter une version sélectionnée de leur vie, mettant en avant des moments positifs, des réussites et des expériences agréables. Cette version peut créer une perception biaisée des relations, donnant l'impression que la vie amoureuse des autres est plus parfaite et épanouissante qu'elle ne l'est en réalité. Les individus ayant tendance à comparer leur propre relation avec celles qu'ils voient en ligne, les photos de couples heureux, les déclarations d'amour publiques et les événements spéciaux partagés sur ces médias peuvent susciter des sentiments d'insécurité et de comparaison chez ceux qui les visionnent. Mais aussi induire un sentiment de FOMO (de l'anglais *fear of missing out*), où les individus craignent de manquer des expériences positives ou des occasions spéciales que d'autres semblent vivre, quand il ne s'agit pas d'envie envers ceux qui semblent mener des vies amoureuses plus excitantes.

Les interactions en ligne, telles que les commentaires, les likes et les partages, peuvent susciter des préoccupations chez les individus jaloux.
Une interaction apparemment anodine avec une tierce personne peut ainsi être interprétée de manière excessive et déclencher des sentiments d'insécurité.
Les médias sociaux offrent un accès immédiat à des informations sur la vie des autres, y compris les relations passées ou présentes de leur partenaire. Ce qui peut conduire à des comparaisons constantes et à la recherche d'indices pouvant alimenter la jalousie. La publication de détails intimes sur les relations peut contribuer à la pression sociale. Les attentes générées par les médias quant à la manière dont une relation devrait être affichée peuvent influencer les perceptions et les attentes, augmentant potentiellement la jalousie.
S'ils peuvent faciliter la communication entre les individus, les médias sociaux peuvent également introduire des éléments ambigus. Des messages vagues, des likes ou des réponses tardives peuvent être interprétés de manière négative, exacerbant la jalousie.
Pour atténuer leur impact négatif sur la jalousie amoureuse, il est essentiel de **promouvoir la communication ouverte et honnête dans les relations**, d'éviter les comparaisons malsaines et de reconnaître que la réalité en ligne peut différer de la réalité quotidienne. La gestion consciente de l'utilisation des médias sociaux et le respect de la vie privée dans les relations peuvent contribuer à minimiser ces risques de jalousie excessive.

COMMENT NE PLUS EN SOUFFRIR?

Déjà, il est important de noter que la souffrance liée à la jalousie peut varier en intensité d'une personne à l'autre et dépendre également des circonstances spécifiques de la relation.

Dans le contexte d'une nouvelle relation, **il est impératif que vous établissiez des limites face à votre propre jalousie**. Reconquérir le contrôle de votre vie en refusant de laisser aux autres le pouvoir de vous affecter est envisageable. Surtout si la jalousie génère du malheur et éloigne ceux que vous chérissez. La clé réside dans votre patience envers vous-même et la conscience que l'avenir demeure imprévisible, ne permettant aucune certitude quant à une éventuelle trahison. Apprendre à vivre avec le risque tolérable d'une trahison éventuelle devient alors une leçon nécessaire.
La gestion de la jalousie implique souvent **un travail sur vous, une communication ouverte avec le·a partenaire et éventuellement une assistance professionnelle**, telle que la psychothérapie, pour explorer les racines profondes de ces émotions et développer des mécanismes sains pour les gérer.

Guérir de la jalousie est un processus qui implique donc une prise de conscience, une introspection et des efforts constants pour développer des mécanismes émotionnels plus sains.

- La première étape est d'**admettre que vous ressentez de la jalousie** et que vous reconnaissez son impact sur vous-même et sur votre relation.
- Dans un deuxième temps, **explorez les racines de votre jalousie** en examinant profondément vos expériences passées, vos relations familiales et vos croyances personnelles.
- Par ailleurs, **parlez ouvertement avec votre partenaire** de vos sentiments de jalousie. Une communication honnête peut favoriser la compréhension mutuelle et renforcer la confiance.
- **Renforcez votre estime de vous** en identifiant et en reconnaissant vos qualités positives et en travaillant sur la confiance en vous-même.

- Apprenez aussi à **avoir confiance** envers votre partenaire. Cela peut impliquer de reconnaître que vous ne pouvez pas contrôler toutes les situations, mais que vous pouvez contrôler votre réaction. Concentrez-vous sur les aspects positifs de votre relation. Identifiez les moments heureux et les réussites plutôt que de vous fixer sur des craintes imaginaires.
- Apprenez aussi des **techniques de gestion des émotions**, telles que la méditation, la respiration profonde ou la pratique de la pleine conscience pour vous aider à rester calme dans des situations stressantes.
- **Évitez de vous comparer** constamment à d'autres couples ou personnes, en particulier sur les médias sociaux. Rappelez-vous que ces représentations peuvent être sélectives et ne reflètent pas la réalité complète.
- Travaillez sur votre **indépendance émotionnelle** en cultivant des centres d'intérêt personnels, des amitiés et des activités qui vous apportent du bien-être indépendamment de votre relation.
- Si la jalousie persiste malgré vos efforts, **envisagez de consulter un professionnel** de la santé mentale. Un psychiatre ou un psychologue peut vous aider à explorer davantage les racines de la jalousie et à développer des stratégies pour la surmonter. Restez ouvert·e à l'apprentissage continu sur vous-même, sur la nature des relations et sur la gestion des émotions. L'évolution personnelle est un processus constant. Soyez compatissant·e envers vous-même pendant ce processus. Le changement prend du temps, et il est normal de progresser graduellement.

Guérir de la jalousie nécessite de l'engagement, de la patience et de la persévérance. En travaillant sur ces aspects, vous pourrez développer des relations plus saines et renforcer votre bien-être émotionnel.

Mais qu'en est-il quand la jalousie est celle de notre partenaire et qu'elle est source de souffrance pour nous ? C'est ce que nous allons voir dans le chapitre suivant.

MON·A PARTENAIRE EST MALADIVEMENT JALOUX·SE

Si l'on peut trouver « mignon » un peu de jalousie de la part de son·a partenaire, si l'on peut parfois s'inquiéter de l'absence totale de jalousie de sa part – que l'on interprète, à tort, comme un manque d'amour – trop de jalousie exprimée par son·a partenaire devient une source de souffrance pour nous-même. Mais alors, **où se situe la limite ?**

Généralement, la jalousie est supportable si elle est occasionnelle et modérée, lorsque des situations ou des interactions suscitent des sentiments d'insécurité. Cependant, elle ne doit être ni constante, ni excessive. Un bon test pour savoir si la limite est dépassée par votre partenaire est de vous apercevoir que vous en venez à mentir, à ne pas tout dire, à ne pas être sincère, à cacher des choses, à prendre des gants quand vous racontez votre journée, de crainte de réactions jalouses de la part de votre partenaire. Bien sûr, celui-ci peut exprimer ses sentiments de jalousie ouvertement et honnêtement, mais toujours de manière respectueuse et non accusatrice. La jalousie est plus acceptable lorsqu'elle est fondée sur des comportements relevés concrets ou des situations qui alimentent légitimement des inquiétudes, comme des signes évidents de flirt ou de tromperie. Le partenaire jaloux doit aussi reconnaître que ses sentiments relèvent de sa propre perception et de ses propres sentiments d'insécurité, plutôt que d'accuser injustement l'autre. Enfin et surtout, la jalousie acceptable ne doit pas conduire à des comportements de contrôle, de possessivité ou de manipulation envers l'autre personne. Chacun a droit à son espace personnel et à des relations extérieures à la relation principale. À l'autre extrémité se trouvent des couples au sein desquels s'installe une jalousie inacceptable, avec un·e jaloux·se qui, tout en se plaçant comme victime, se conduit en réalité en bourreau avec son partenaire dont le bien-être est menacé.

Voici quelques repères qui doivent vous indiquer que la jalousie de votre partenaire atteint un niveau inacceptable :

- **Votre partenaire jaloux·se tente de contrôler vos interactions** : iel surveille vos messages, vos appels téléphoniques ou vos réseaux sociaux de manière excessive. Il ou elle envahit régulièrement votre vie privée en fouillant dans vos affaires personnelles et/ou en vous espionnant.
- **Votre partenaire vous accuse sans cesse d'infidélité** ou de trahison, même en l'absence de preuves concrètes ou de raisons valables.
- **Votre partenaire jaloux·se refuse de reconnaître que ses sentiments et ses comportements de jalousie sont disproportionnés** ou irrationnels, et qu'iel vous blâme constamment pour ses propres insécurités. En effet, cela indique chez luiel un manque d'esprit de responsabilité et une absence de volonté d'améliorer son état.
- **La jalousie de votre partenaire vous fait perdre votre joie de vivre** et votre confiance en vous, vous fait douter de vos propres intentions ou vous fait vous sentir coupable et honteux·se.

- **Sa jalousie conduit à des demandes constantes d'isolement social** ; par exemple, il vous interdit de passer du temps avec vos amis ou votre famille.
- **Sa jalousie se manifeste par des insultes**, des menaces, des actes de violence émotionnelle et/ou physique, un comportement qui devrait vous conduire à porter plainte et à vous séparer.

COMMENT NE PLUS EN SOUFFRIR?

Supporter un·e conjoint·e souffrant de jalousie peut être une tâche délicate et une source de souffrance en amour. Heureusement, il existe des stratégies pour vous aider à gérer cette situation. Voici des conseils sur la façon de vous conduire pour vous protéger, mais aussi l'attitude à avoir pour soutenir un·e conjoint·e jaloux·se :

Gardez-vous de croire que la jalousie est une preuve d'amour, et que plus votre partenaire se montre jaloux·se, plus cela montre son amour pour vous. La jalousie excessive témoigne d'un sentiment d'insécurité et non pas d'altruisme, qui est la base d'un amour véritable.

Cessez de penser que si iel est jaloux·se, c'est qu'iel est exclusif·ve et que par conséquent, iel sera fidèle – et que cette garantie rassurante pour beaucoup serait le prix à payer pour supporter cette jalousie. C'est faux ! Les plus jaloux·ses ne sont pas les plus fidèles. Iels peuvent par exemple vous reprocher d'avoir un·e partenaire imaginaire et tenter de se rassurer en allant chercher ailleurs.

S'il vous arrive de céder aux exigences du jaloux ou de la jalouse, comme Édouard qui a accepté de ne plus voir une ancienne amie à la demande de sa femme, il ne faut le faire qu'en exigeant **le donnant-donnant**, c'est-à-dire que votre partenaire doit faire un renoncement équivalent – ce qui le·a fera réfléchir à deux fois avant de poser ses ultimatums.

Encouragez la communication ouverte et honnête avec votre conjoint·e. Exprimez vos sentiments avec compassion et écoutez également ses préoccupations. Parlez de manière calme et respectueuse pour éviter d'aggraver les tensions.

Définissez des limites claires et respectez-les. Affirmez vos besoins en matière d'espaces personnels et de vie privée tout en reconnaissant les préoccupations de votre conjoint·e. Assurez-vous que les deux parties se sentent en sécurité et respectées dans la relation.

Exprimez à votre conjoint·e la peine, la douleur ou la colère que vous ressentez quand iel se montre jaloux·se.

Aidez votre partenaire à renforcer sa confiance en lui-même en soulignant ses qualités et ses réalisations. Encouragez-le·a à poursuivre des activités qui lui procurent du plaisir et de la satisfaction personnelle, ce qui peut contribuer à réduire les sentiments de jalousie.

Enseignez-lui la nature de la jalousie excessive et la façon dont elle peut affecter négativement une relation.

Évitez les comportements outranciers susceptibles d'être interprétés de manière erronée et de déclencher la jalousie de votre conjoint·e, agissez autant que possible de manière respectueuse et transparente. Soyez fidèle, mais sans renoncer à votre liberté d'être.

Surtout, **ne cherchez pas à tout prix à limiter vos comportements habituels** et à cacher des informations, de crainte que votre conjoint·e ne les interprète mal. Ne mentez pas, ne cherchez pas à le rassurer en cachant des vérités, même sur des sujets infimes dans le but de ne pas l'inquiéter. Chaque limitation et chaque mensonge seront pour le·a partenaire jaloux·se la preuve que vous avez des choses à cacher et mettront de l'huile sur le feu de sa jalousie.

N'oubliez pas de prendre soin de vous-même dans la relation. Prenez du temps pour vos propres loisirs, intérêts et relations sociales. Ne vous sacrifiez pas pour le confort d'un·e partenaire trop jaloux·se. Assurez-vous de maintenir un équilibre sain entre le soutien apporté à votre conjoint et votre propre bien-être émotionnel.

En cas de crise, si celle-ci est violente, mieux vaut sortir en attendant que la personne jalouse se calme. N'entrez pas dans son jeu ! Ne vous excusez pas, ce serait pris pour un aveu. Adoptez un ton ferme et parlez uniquement des faits. Demandez à votre partenaire ce qu'iel a vu réellement. Et demandez ensuite pourquoi, par exemple, iel pense que vous l'avez trompé·e juste parce que vous n'avez pas décroché votre téléphone quand iel vous a appelé·e.

Si la jalousie de votre conjoint·e interfère de manière significative avec votre relation ou votre qualité de vie, encouragez-le·a à rechercher une aide professionnelle. Un psychologue ou un psychiatre pourra l'aider à explorer les causes sous-jacentes de la jalousie et à développer des stratégies pour la gérer de manière plus constructive.

Si votre partenaire se montre menaçant·e voire violent·e, n'hésitez pas à porter plainte. Tolérer une violence ponctuelle est interprété par le·a jaloux·se pathologique comme une forme d'aveu qui justifiera à ses yeux les violences prochaines. Sachez que chez des personnalités de nature paranoïaque, la jalousie pathologique peut conduire à des passages à l'acte meurtrier.

En fin de compte, soutenir un·e conjoint·e jaloux·se nécessite à la fois patience, compréhension et communication ouverte. Mais il est crucial de reconnaître les limites de votre capacité à influencer les émotions et les comportements de votre conjoint·e et de penser à votre bien-être, quitte à devoir, si c'est nécessaire, vous séparer.

D'autres souffrances, dans le domaine amoureux, existent, en lien ou non avec la jalousie. Parmi celles-ci, il y a l'obsession amoureuse.

J'AIME JUSQU'À L'OBSESSION

Quand l'amour devient une obsession, toutes nos pensées sont orientées vers l'être aimé. Je tiens à préciser que je ne me range pas dans le courant psychologique actuel, qui rend pathologique tout attachement affectif excessif. La passion amoureuse était valorisée à certaines époques, comme dans le haut Moyen Âge ou lors de la période romantique du XIXe siècle. Aujourd'hui, elle est un état jugé inquiétant. On « pathologise » de plus en plus la dépendance en amour.

AIMER FOLLEMENT SANS RETOUR

Sans être une pathologie, l'obsession en amour est une source de souffrance, et cette souffrance peut être soignée quand elle met en péril l'équilibre de celui ou celle qui en est victime. **Quand on aime follement, il ne s'agit plus de papillons dans le ventre, mais d'un ventre affamé qui devient un puits sans fond.** La sphère cognitive est envahie de pensées récurrentes. Le jugement est altéré, le réel n'est plus rationalisé. C'est ce qui est arrivé à Charlotte et à Myriam.

C'est le cas de Charlotte

Charlotte ne peut s'empêcher de penser à autre chose qu'à Armand. La nuit, ses rêves ou ses cauchemars ont des scénarios qui tournent autour de lui. Quand elle pense à lui, elle ressent des creux à l'estomac ou des pincements au cœur. Chaque jour, des flashs visuels ou auditifs la surprennent, perturbant jusqu'à ses activités professionnelles.

C'est le cas de Myriam

Myriam a rencontré Ilan chez des amis, le lendemain de ses 26 ans. Il accompagnait sa cousine Mila, une amie d'enfance de Myriam. Dès leur présentation, Myriam n'a eu d'yeux que pour lui. Après avoir échangé leur compte Instagram, ils se sont revus trois jours plus tard. Le rendez-vous, dans un bar un peu bruyant, a marqué Myriam : elle était captivée par Ilan. Son sourire, son regard et son assurance lui donnaient l'impression étrange de le connaître depuis toujours. Le désir était réciproque, et ils ont terminé la soirée chez lui. Les jours suivants, ils se sont retrouvés plusieurs fois. Chaque moment passé avec Ilan renforçait l'attirance de Myriam, et elle commençait à s'attacher profondément à lui. Mais quand, après quelques semaines, Ilan lui a annoncé qu'il ne voulait pas d'une relation sérieuse, tout s'est effondré pour elle. Elle a tenté de rester digne, mais une fois seule, elle a craqué. La douleur était vive, mêlée à un sentiment d'injustice et d'incompréhension.
Malgré tout, Myriam a décidé de respecter la décision d'Ilan. Elle lui a écrit pour lui dire qu'elle comprenait, même si elle espérait encore secrètement qu'il changerait d'avis. Pour avancer, elle a tenté de se recentrer sur elle-même, soutenue par ses amies, notamment Mila qui connaissait bien le caractère volage de son cousin.

> Cependant, oublier Ilan n'a pas été facile. Les souvenirs de leurs moments ensemble étaient encore frais, et elle se retrouvait à les revivre en boucle.
> Chaque message relu, chaque détail de leurs conversations la ramenait à lui. Même ses gestes les plus simples, comme écouter de la musique ou marcher dans des lieux qu'ils avaient fréquentés, étaient empreints de sa présence.
> L'obsession grandissait, et elle avait du mal à tourner la page. Elle rêvait parfois d'un retour d'Ilan, mais savait au fond qu'il fallait accepter la réalité. Cet attachement profond, bien que douloureux, l'a poussée à travailler sur elle-même, espérant trouver un jour l'apaisement.

Si l'obsession amoureuse est chez beaucoup un épisode unique dans la vie, chez d'autres, en revanche, chaque histoire a tendance à devenir obsessive. Cela peut résulter de désirs et de conflits inconscients. Parfois, ce complexe amoureux provient d'expériences passées, notamment de relations avec nos parents qui ont été nos premiers objets d'attachement. Nous transférons des sentiments d'amour non résolus lors de nos liens affectifs enfantins sur les personnes nouvellement aimées. L'obsession devient un moyen de réaliser symboliquement des désirs inconscients non satisfaits. L'obsession non comprise entraîne une répétition de schémas relationnels qui ont des racines dans le passé.

LA THÉORIE DE LA LIMÉRENCE

Théorisée par la psychologue américaine Dorothy Tennov[1], la limérence est **un état d'esprit qui résulte d'une attirance amoureuse pour une autre personne et qui comprend**

---

1. *Love and Limerence: the Experience of being in Love,* Scarborough House, 1998.

généralement des pensées et des fantasmes obsessionnels et un désir de mener ou de maintenir une relation avec l'objet de cet amour, et de voir ses sentiments devenir réciproques.
Autrement dit, on parle de limérence pour décrire un état émotionnel intense et obsessionnel, associé à un amour non réciproque résultant d'une attirance romantique intense et d'un besoin anxieux de réciprocité amoureuse. Telle que définie, la limérence peut s'inscrire parmi les symptômes du trouble obsessionnel compulsif (TOC), manifestant un état involontaire accompagné de pensées et de comportements obsessionnels intrusifs, illustrés par un désespoir notable. La personne dite limérente renonce à sa vie d'avant, dans l'espoir de maintenir le lien avec l'être devenu objet d'obsession.

Cet état émotionnel intense et obsessionnel, associé à un amour non partagé, peut avoir des conséquences négatives pour la santé mentale et la vie sociale de la personne concernée. Les personnes atteintes de limérence peuvent en effet développer de nombreux symptômes psychologiques, mais également physiques :

- Elles s'oublient elles-mêmes tant elles concentrent **toute leur attention sur la personne objet de leur obsession.**
- La journée, **des pensées intrusives, des ruminations mentales**, voire des fantasmes occupent leur cerveau. La nuit, ce sont dans des rêves ou des cauchemars que leur obsession amoureuse s'exprime.
- Ces victimes de leur amour engagent volontiers des actions pour attirer l'attention de l'être aimé, font tout pour maintenir un contact. **Le moindre signe, souvent surinterprété, devient un motif d'action** pour la personne obsédée et peut conduire, hélas ! dans des cas extrêmes, à de la manipulation et du harcèlement vis-à-vis de l'élu·e.

- **Une forte réactivité émotionnelle** est souvent retrouvée chez les personnes limérentes. Il arrive en effet que la limérence engendre une appréhension prononcée du rejet, ainsi que des épisodes extrêmes de labilité émotionnelle – caractérisés par une variabilité et une instabilité des expressions émotionnelles, oscillant rapidement entre des moments de joie débordante, de quiétude et des décharges spectaculaires de colère ou de larmes.
- La limérence favorise **le manque de concentration**, un état d'anxiété, l'isolement social et une faible productivité du travail.
- En ce qui concerne les symptômes physiques, les personnes atteintes de limérence peuvent avoir des symptômes psychosomatiques ; on observe souvent **des palpitations, des tremblements, de la transpiration, des problèmes d'appétit ou de sommeil.**

L'obsession amoureuse peut se manifester au sein d'un couple formé, mais également dans le contexte de relations où les individus ne se sont jamais rencontrés physiquement, que ce soit à la suite d'une déception amoureuse ou dans le cadre d'une affection platonique. J'ai ainsi eu à soigner Anselme, garçon solitaire de 24 ans follement épris d'une jeune femme rencontrée sur internet. Son attachement l'a poussé à lui envoyer des sommes d'argent conséquentes, sans jamais pouvoir la rencontrer véritablement, malgré des démarches coûteuses. En définitive, les personnes qui souffrent de cette obsession désirent véritablement le bien-être de l'autre. Cependant, leur besoin d'être avec l'autre domine tout et peut les conduire à se montrer insupportable pour l'autre.
Ce désordre amoureux a la capacité de persister sur une période prolongée, voire de s'étendre sur des décennies en l'absence d'une intervention appropriée. Ainsi, un état de limérence peut naître après un début d'histoire vécue positivement,

suivie d'une période prolongée éloignée de la personne aimée, propice à une idéalisation excessive.
La limérence peut aussi être considérée, dans une lecture psychanalytique, comme un mécanisme de défense inconscient contre la réalité d'une relation non partagée. Elle peut représenter un moyen pour la personne de gérer la douleur et le rejet en créant une réalité alternative dans laquelle l'objet d'amour est accessible et aimant.

Pour résumer tout cela, il est probable que des facteurs tels que l'histoire de vie, les expériences relationnelles antérieures et les traumatismes émotionnels puissent contribuer à l'obsession amoureuse.
À noter que la limérence peut être bénéfique dans certaines circonstances, quand elle aide à supporter les premiers temps d'une rupture, en maintenant imaginairement un lien, le temps de pouvoir assumer la séparation ; mais elle peut également être préjudiciable pour la santé mentale et la vie sociale de la personne concernée si cet état se prolonge. Dans ce cas, les personnes atteintes de limérence peuvent éprouver une grande détresse émotionnelle et sociale et peuvent s'isoler socialement, en raison de leur obsession pour l'objet d'amour.

COMMENT NE PLUS EN SOUFFRIR?

Quitter l'obsession amoureuse est un processus qui demande du temps. Déjà, le temps de prendre conscience que vous êtes obsédé·e et que cela dépasse l'attachement amoureux classique, et que cette obsession devient préjudiciable dans la mesure où vous négligez toute votre existence, votre travail, votre entourage, vos activités habituelles et que l'état de manque est une souffrance permanente.
Pour surmonter la limérence, et plus globalement une obsession amoureuse :

Commencez par prendre conscience du problème, analysez ses causes et les croyances sous-jacentes.
Concentrez-vous, petit à petit, sur **vos propres besoins** en prenant soin de votre santé physique, en reprenant des activités qui vous intéressaient et vos objectifs professionnels.
Partagez vos sentiments avec des amis, des membres de votre famille, voire avec un professionnel (voir juste après), non pas seulement pour évoquer votre passion, mais afin de demander de l'aide pour vous en détacher.
Œuvrez pour **prendre vos distances** avec la personne concernée. Prendre ses distances avec la personne qui vous obsède peut signifier limiter ou cesser le contact pendant un certain temps. Cela passe aussi par supprimer les contacts sur les réseaux sociaux ou se débarrasser d'objets liés à la personne. Si le contact est inévitable, établissez des limites claires pour protéger votre bien-être émotionnel. Enfin, évitez les conversations intimes qui pourraient raviver vos sentiments.
Éventuellement, **consultez un professionnel** pour vous engager dans une thérapie. La prise en charge de la limérence peut inclure une combinaison de thérapie cognitivo-comportementale, de thérapie de groupe, de soutien social et d'approches psychanalytiques. L'objectif du traitement est d'aider la personne à comprendre les causes profondes de sa limérence et à développer des mécanismes de défense plus adaptatifs pour gérer la douleur et le rejet émotionnel. Vous plongerez dans votre histoire pour analyser la nature des liens affectifs qui ont pu être les vôtres dans l'enfance.
L'obsession amoureuse implique bien une dépendance à l'autre. Mais toutes les personnes dépendantes affectives ne sont pas limérentes, même si elles sont plus sensibles que les autres à l'éloignement et surtout à la séparation.

JE SUIS DÉPENDANT·E AFFECTIF·VE

Parmi nous, certaines et certains ont plus tendance que d'autres à être dépendant·es affectif·ves. La dépendance affective est, comme son nom l'indique, une dépendance dans le domaine affectif, qu'il soit familial, amical ou amoureux, qui occasionne un manque d'autonomie dans la relation. Bien sûr, quand nous sommes amoureux·ses, nous dépendons de l'être aimé puisque son amour nous importe, mais aussi son bien-être, à moins d'être particulièrement autocentré·e. Pour autant, nous pouvons supporter une brève séparation en anticipant les retrouvailles. Nous ne vivons pas comme un abandon la moindre dispute. Et nous pouvons prendre du plaisir sans la présence de l'être aimé, que ce soit seul·e, en famille, avec des amis, etc. Mais alors, quand parle-t-on de « dépendance affective » ?

QUAND L'AMOUR SE TRANSFORME EN DÉPENDANCE AFFECTIVE

La dépendance affective décrit **un état quasi permanent dans lequel une personne place un niveau excessif d'importance émotionnelle, de besoin de validation et de satisfac-**

tion dans une relation particulière, souvent au détriment de son propre bien-être et de son autonomie. Ainsi, les personnes souffrant de dépendance affective peuvent ressentir une anxiété intense lorsqu'elles sont séparées du partenaire dont elles sont dépendantes. Elles peuvent également avoir du mal à maintenir des limites et vont en conséquence sacrifier leurs propres besoins et leurs désirs pour satisfaire ceux des autres. La dépendance affective peut entraîner une variété de problèmes émotionnels et relationnels, y compris des sentiments d'insécurité, de jalousie excessive et des difficultés à maintenir des relations saines et équilibrées. Ces personnes ont tendance à n'interagir socialement qu'avec les quelques individus dont elles dépendent. Et lorsqu'une relation intime prend fin, elles cherchent aussitôt à trouver un·e remplaçant·e. Mais elles ont un tel besoin que l'on s'occupe d'elles qu'elles ne vont pas se montrer toujours discriminantes dans le choix de ce ou cette suppléant·e.

C'est le cas de Vadim et Laura

Vadim est un adulte de 35 ans. Il est en couple avec Laura qui a deux ans de plus que lui. Il a conscience d'être dépendant affectif de sa compagne comme il l'a été de ses deux précédentes. Cette dépendance s'exprime par une difficulté à faire des choix sans la validation de sa partenaire. Vivre seul serait trop pénible pour lui qui a besoin de sa partenaire pour l'organisation domestique, la gestion administrative et même la prise en charge de sa santé ou le démarrage de projets. En l'absence de compagne, c'étaient ses parents qui assumaient ce rôle autrefois. La peur d'être rejeté lui fait éviter tout désaccord avec sa partenaire, au point « d'avaler des couleuvres », de rechercher son approbation pour tout et de se rendre responsable de ce qui ne va pas. L'anxiété chez lui pointe dès qu'une séparation, même provisoire, s'installe.

> Il se sent obligé de satisfaire tous les demandes et les besoins de sa compagne. Heureusement, il n'a été en couple qu'avec des femmes plutôt bienveillantes.

Les sujets qui sont dépendants affectifs croient ne pas être capables de prendre soin d'eux-mêmes et attendent que d'autres personnes le fassent. En couple, ils laissent habituellement leur partenaire prendre la responsabilité de nombreux aspects de leur vie. Ils ont tendance à sous-estimer leurs capacités et toute critique ou désapprobation émanant du partenaire ravive ce sentiment d'incompétence. Ils craignent également d'exprimer leur désaccord. En revanche, quand ils sont rassurés par l'approbation de leur conjoint·e, ils fonctionnent bien.

Les différentes expressions de la dépendance affective

2 % de la population française seraient concernés par une forte dépendance affective. Contrairement aux idées reçues, les hommes sont autant concernés que les femmes, même si la dépendance peut s'exprimer différemment.

La personne dépendante en amour l'est à différents niveaux. Elle ne peut vivre seule, elle est totalement dépendante. Elle craint la rupture au quotidien. Aussi, elle adhère aux idées et aux comportements, parfois même aux opinions de son partenaire dans le but, conscient ou non, de renforcer leurs liens. Elle demande constamment conseil et a besoin que son·sa partenaire valide ses décisions. Elle attend soutien de ce·tte dernier·ère, parfois à outrance, ce qui peut la conduire à être collante et assujettie.

Le mal d'aimer des personnes dépendantes affectives est hélas ! chronique, avec des hauts et des bas. Attention : si la dépendance affective est une situation favorable au mal d'aimer et que la souffrance amoureuse d'un·e personne dépendante affective a des spécificités, tous les dépendants affectifs ne souffrent pas, et tous ne nécessitent pas de corriger ou de se défaire de leur dépendance. En effet, certaines personnes dépendent affectivement de leur partenaire, mais trouvent en celui-ci ou celle-ci ce qui leur convient pour combler leurs différents manques et ne souffrent pas ou prou au quotidien. Le·a partenaire en question trouve aussi dans cette relation ce qui lui convient et peut, par exemple, être rassuré·e par la dépendance affective de son·a partenaire. Cependant, certains partenaires jugent insupportable cette dépendance et la reprochent à leur partenaire, de même que leur crainte excessive d'être abandonné·e et finissent par décider, en conséquence, de les abandonner.

Mais **il ne faut pas en conclure que toute personne souffrant d'une séparation amoureuse est dépendante affective.** Il est normal de mal vivre une rupture amoureuse. Et la crainte de la rupture est souvent présente chez beaucoup de personnes, pas uniquement chez celles qui sont dépendantes affectives – même si chez ces dernières, la crainte est encore plus vive et qu'elles sont prêtes à tout pour qu'elle ne survienne pas. De même, la personne dépendante affectivement n'est pas à strictement parler un·e jaloux·se pathologique. Si votre partenaire vous appelle, vous envoie des messages, ce n'est pas forcément pour vérifier avec qui vous êtes, mais pour être rassuré que vous êtes bien là. Que vous n'avez pas disparu.
Le fait d'être dépendant·e dans votre couple ne signifie pas non plus que vous êtes avec une personne toxique et manipulatrice. Même si trop souvent, on considère l'autre comme pervers et manipulateur sous prétexte qu'on dépend de lui. Or par définition, l'attitude inféodée de la personne dépendante provient de son fonctionnement interne et non du comportement de la personne avec qui elle est en couple.

Les dépendant·es affectif·ves qui souffrent le plus sont ceux dont l'état de dépendance rime avec manque d'autonomie et de liberté. Ou ceux qui n'ont pas rencontré le·a partenaire avec lequel former un couple harmonieux et équilibré. Pire encore, ceux ou celles qui vont rencontrer un·e partenaire toxique, qui va abuser de cette dépendance et les faire se soumettre à des exigences déraisonnables au point de tolérer la violence physique, sexuelle ou psychologique pour obtenir l'attention et les soutiens qu'ils espèrent de l'autre.

C'est le cas de Fanny

« À mon âge [39 ans], je vois bien que j'ai un problème sérieux avec les relations amoureuses. Tout d'abord, j'ai toujours eu du mal à accepter quand mon partenaire a besoin de prendre un peu de distance. Cela me plonge dans un état de désespoir et d'anxiété intense, comme si j'étais incapable de vivre sans cette présence constante. Même quand je savais que cela n'avait aucun sens, je me retrouvais à passer par des cycles de chagrin et de dévastation dès qu'il s'éloignait un peu.

Ensuite, je suis totalement incapable d'établir des limites dans mes relations. Je me retrouve à accepter des comportements qui me dérangent profondément, juste pour ne pas risquer de perdre mon partenaire. Je me sens obligée de dire oui, même quand cela va à l'encontre de mes propres désirs et besoins. Je suis également prise dans ce cycle malsain où je romps avant de reprendre avec mon partenaire. C'est comme si je pensais que je pouvais le sauver en restant à ses côtés, même si cela signifie sacrifier ma propre santé émotionnelle. Je me rends compte que je me concentre tellement sur lui que j'en oublie mes propres besoins, mes propres désirs. J'ai aussi cette tendance à idéaliser l'amour, à croire qu'il peut tout surmonter. Je m'accroche à cette idée, même lorsque la réalité me montre le contraire.

Je me retrouve à penser que si je fais suffisamment d'efforts, tout finira par s'arranger, même quand les signes montrent que ce n'est pas le cas. Je me suis ainsi déjà retrouvée à feindre un intérêt pour quelque chose, à la seule fin d'impressionner un partenaire. Je me suis rendu compte que je suis prête à tout changer de moi-même, juste pour me sentir aimée et acceptée. Toutes ces années, j'ai constamment cherché l'amour à l'extérieur de moi-même, comme si c'était la seule chose qui pouvait me rendre heureuse et comblée. Mais je réalise maintenant que je dois trouver ce bonheur en moi-même avant de pouvoir le trouver dans une relation. Je ne veux plus être prisonnière. Je veux apprendre à m'aimer et à m'accepter telle que je suis, indépendamment de toute relation amoureuse. Je veux trouver l'équilibre et la paix intérieure dont j'ai tant besoin. »

Testez votre degré de dépendance affective!

Voici les critères des échelles de psychiatrie américaines du DESM-5 révisé (dsm-5-tr), ou Manuel diagnostique et statistique des troubles mentaux.
Pour diagnostiquer un trouble de la personnalité dépendante, le patient doit avoir un besoin persistant et excessif d'être pris en charge, entraînant un comportement soumis et collant et des craintes de séparation. Ce besoin persistant est démontré par la présence d'au moins 5 des éléments suivants (donc 5 ou plus) :

- ☐ Une difficulté à prendre des décisions quotidiennes sans une quantité inusitée de conseils et de réassurance de la part d'autres personnes.
- ☐ Un besoin de laisser les autres être responsables des aspects les plus importants de votre vie.
- ☐ Une difficulté à exprimer un désaccord avec les autres, par crainte de perdre leur soutien ou leur approbation.
- ☐ Une difficulté à commencer des projets de votre propre initiative parce que vous manquez de confiance dans votre jugement et/ou aptitudes (et non parce que vous manqueriez de motivation ou d'énergie).
- ☐ Une volonté d'aller très loin (par exemple, faire des tâches désagréables) pour obtenir le soutien des autres.
- ☐ Un sentiment de malaise ou d'impuissance quand vous êtes seul·e, comme si vous ne pouviez pas vous protéger ou vous débrouiller seul·e.
- ☐ Un besoin urgent d'établir une nouvelle relation avec une personne qui fournira des soins et un soutien lorsqu'une relation prendra fin.
- ☐ Une préoccupation irréaliste et la crainte de devoir se retrouver seul·e pour s'occuper de vous.

En outre, les symptômes doivent avoir débuté au début de l'âge adulte – en effet, un degré de dépendance affective est normal dans l'enfance.

L'origine de cette dépendance

Voyons maintenant les sources possibles de cet état permanent de dépendance affective.

La dépendance affective est un trouble complexe qui peut avoir plusieurs causes psychologiques interdépendantes et prendre racine dans les expériences précoces de l'enfance. Il est utile d'aller à leur recherche pour éventuellement s'en départir et atténuer cet état de dépendance.

Des expériences traumatisantes, telles que l'abandon, la négligence, les abus ou les perturbations familiales subis pendant l'enfance peuvent créer des blessures émotionnelles profondes, qui influencent la perception de soi et des autres, ainsi que les schémas relationnels ultérieurs. Une prise en charge par un médecin ou un psychologue aidera à prendre ses distances avec ces schémas.

Sans avoir connu de traumatisme véritable, **un style d'attachement insécure**, résultant d'une absence de relations d'attachement sécurisantes pendant l'enfance, peut conduire à une dépendance excessive aux autres pour combler un sentiment de vide émotionnel et de sécurité. Il est des situations sans doute plus faciles à traiter, et fréquentes chez les plus jeunes : c'est le cas d'une estime de soi fragile ou négative qui peut conduire à une recherche constante de validation et d'approbation à travers les relations avec les autres. Les personnes ayant une faible estime de soi peuvent chercher à combler ce manque en étant constamment en quête d'amour et d'acceptation. La peur intense d'être abandonné ou rejeté peut être un moteur important de la dépendance affective. Les individus peuvent développer des stratégies de maintien de la relation à tout prix, même si cela signifie tolérer des comportements nocifs ou rester dans des relations toxiques. Là encore, l'angoisse d'abandon n'est pas rare, peut être intense, mais elle se soigne bien.

Les modèles de relations observés dans la famille d'origine peuvent exercer une influence significative sur les schémas relationnels ultérieurs. Les traits familiaux tels que la soumission, l'insécurité et le comportement d'auto-effacement peuvent y contribuer. Les individus ont tendance à reproduire les modèles de comportement qu'ils ont appris pendant l'enfance, ce qui peut perpétuer des dynamiques de dépendance affective. Il importe alors d'en prendre conscience et de se choisir d'autres modèles.

Certaines personnes peuvent aussi simplement **craindre l'autonomie et l'indépendance**, préférant se reposer sur les autres pour prendre des décisions, résoudre des problèmes ou gérer les émotions. Cette peur de l'autonomie peut contribuer à une dépendance excessive aux autres.

Les facteurs culturels, les premières expériences négatives et les vulnérabilités biologiques associés à l'anxiété et à la génétique pourraient aussi contribuer au développement du trouble de la personnalité dépendante. Les individus hypersensibles ont ainsi plus de risque de s'engager dans une dépendance affective. La prise en charge de cette hypersensibilité les aidera à devenir moins dépendant·es.

Dans un autre domaine, **une vision idéalisée de l'amour romantique**, souvent façonnée par les médias, la culture populaire ou les expériences familiales, peut conduire à des attentes irréalistes dans les relations, et à une dépendance excessive à la recherche du partenaire idéal.

Voyons comment atténuer cette dépendance, si elle est source de souffrance chez vous ou chez votre partenaire.

COMMENT NE PLUS EN SOUFFRIR?

Indépendamment de la prise en charge de la ou des causes psychologiques associées, des conseils généraux peuvent être donnés ainsi que des pistes de réflexions qui permettront un travail sur vous pour vous départir d'un état de dépendance affective.

Explorez et appréciez la solitude comme un moment de croissance personnelle et de connexion avec vous-même plutôt que comme une source de malaise ou de peur.

Consacrez-vous à des activités qui procurent du plaisir et de l'épanouissement personnels, indépendamment de la présence d'un partenaire.

Consacrez des journées entières à vous-même, à faire ce que vous aimez, sans avoir à rendre de comptes à personne, pour favoriser l'autonomie et le plaisir personnel.

Fixez-vous des objectifs réalisables et significatifs en dehors des relations amoureuses, et travaillez activement à les atteindre pour renforcer votre sentiment d'accomplissement personnel.

Évitez les comportements de recherche constante de validation, comme poser des questions du type « Tu m'aimes ? », « Tu penses à quoi ? », etc. Prenez des initiatives au quotidien, sans demander ni conseil, ni validation pour développer un sentiment d'indépendance et de confiance en vous.

Dressez une liste de toutes les réalisations accomplies dans votre vie, grandes et petites, sans l'aide de personne. Elle permettra de vous souvenir de votre propre valeur et de reconnaître vos propres capacités.

Entraînez-vous à donner sincèrement votre avis sans attendre l'approbation des autres, même s'ils ont déjà donné le leur et que le vôtre diffère ou qu'il est semblable. Vous développerez une meilleure confiance en vous et affirmerez votre propre identité.

Attendez que votre partenaire formule ses demandes et ses désirs avant d'y répondre. Et alors demandez-vous chaque fois si vous avez réellement envie d'y répondre favorablement. Cette attitude favorise la prise de décision autonome et le respect de vos propres limites.

Apprenez à exprimer vos besoins, vos désirs et vos limites de manière claire et respectueuse dans les relations, sans craindre le rejet ou la désapprobation de l'autre.

Accordez-vous un temps de réflexion avant de vous engager à offrir votre temps, votre aide ou votre argent. Vous prendrez ainsi des décisions de manière autonome et évaluerez si vous souhaitez réellement votre engagement.

Donnez des marques d'affection seulement si vous ressentez réellement ces émotions plutôt que dans le but d'en recevoir en retour. Vous établirez ainsi des relations authentiques et sincères.

Identifiez les expériences passées, les schémas relationnels familiaux et les blessures émotionnelles qui ont contribué à développer votre dépendance affective, puis œuvrez pour les guérir.

Travaillez sur la confiance en soi en identifiant et en remettant en question les croyances négatives sur vous-même, et développez une image plus positive et réaliste de votre propre valeur.

Cultivez des amitiés et des relations familiales qui vous soutiennent, valorisent l'indépendance émotionnelle et encouragent la croissance personnelle.

Pardonnez-vous vos erreurs passées et aimez-vous inconditionnellement, même dans les moments de vulnérabilité et de faiblesse.

Félicitez-vous et savourez les petites et grandes victoires sur votre dépendance affective. Tenez éventuellement un journal de bord pour les noter afin de mesurer les progrès réalisés et de maintenir la motivation pour continuer le travail sur vous.

La dépendance affective est habituellement le fruit d'un mode d'attachement à l'autre qui se met en place dès la prime enfance, dans le mode d'attachement que nous avons vis-à-vis de nos parents. Il existe en effet différents modes d'attachement qui se construisent dans l'enfance et qui influencent notre façon de nous lier amoureusement à autrui. Nous allons voir dans le chapitre suivant quel est votre type d'attachement ou celui de votre partenaire et analyser à partir du type d'attachement les risques de souffrances amoureuses possibles.

JE SOUFFRE, TU SOUFFRES, ELLE SOUFFRE… DIFFÉREMMENT SELON NOTRE TYPE D'ATTACHEMENT

Chacun de nous développe un mode d'attachement singulier au sein de ses relations amoureuses. Ce mode est caractérisé par une diversité, tant dans la manière que dans l'intensité avec laquelle nous nous attachons à notre partenaire. Les souffrances qui peuvent découler de nos relations amoureuses varient en intensité et en nature en fonction de notre style d'attachement particulier. Afin d'approfondir notre connaissance et notre compréhension de ce dernier, explorons les diverses modalités d'attachement observées au sein des relations amoureuses, telles que définies par les théories psychologiques contemporaines de l'attachement pour mieux comprendre notre façon d'être dans la relation amoureuse. Mais avant cela, voyons quel est le vôtre !

Testez votre style d'attachement

Pour le savoir, je vous propose ce test pour définir votre style d'attachement. Voici une petite cinquantaine de phrases. Lisez attentivement chaque énoncé, réfléchissez-y et inscrivez dans la case en bout d'énoncé :

- **1 point** si vous n'êtes pas du tout d'accord avec la proposition.
- **2 points** si vous êtes un peu d'accord avec la proposition.
- **3 points** si vous êtes moyennement d'accord avec la proposition.
- **4 points** si vous êtes plutôt d'accord avec la proposition.
- **5 points** si vous êtes vraiment d'accord avec la proposition.

1. Je m'inquiète rarement que mon·a partenaire me quitte.

__ __ S

2. Je crains de perdre l'amour de mon partenaire.

__ __ P

3. Je crains que si mon·a partenaire apprend à me connaître, iel n'aimera pas qui je suis vraiment.

__ __ C

4. Je suis incapable de réguler mes émotions.

__ __ D

5. Je dis à mon partenaire à peu près tout.

__ __ S

6. Je crains souvent que mon·a partenaire ne veuille pas rester avec moi.

__ __ P

7. Je préfère ne pas montrer à mon·a partenaire ce que je ressens au fond de moi.

___ C

8. J'ai vécu des relations amoureuses où j'ai été maltraité·e.

___ D

9. Je me sens à l'aise de partager mes pensées et mes sentiments intimes.

___ S

10. Je crains souvent que mon·a partenaire ne m'aime pas vraiment.

___ P

11. Je ne me sens pas à l'aise de m'ouvrir à mon·a partenaire.

___ C

12. J'ai à l'intérieur de moi des traumatismes non guéris.

___ D

13. Cela ne me gêne pas de dépendre en partie de mon·a partenaire.

___ S

14. Je crains que mon·a partenaire ne se soucie pas de moi, même si je me soucie de luiel.

___ P

15. Je me sens mal à l'aise quand mon·a partenaire est trop proche de moi.

___ C

16. J'ai une mauvaise estime de moi.

___ D

17. Je n'aime pas afficher ce que je ressens.

___ C

18. J'ai l'habitude de discuter de mes problèmes et de mes préoccupations avec mon·a partenaire.

___ S

19. Je trouve que les sentiments de mon·a partenaire pour moi ne sont sentiments pour luiel.

___ P

20. Les gens ne sont globalement pas dignes de confiance.

___ D

21. Je fais bien de me tourner vers mon·a partenaire en cas de besoin.

___ S

22. Je m'inquiète beaucoup dans mes relations de couple.

___ P

23. Quand je suis en couple, je privilégie mon indépendance.

___ C

24. On finit toujours par me quitter.

___ D

25. Ce n'est pas difficile pour moi d'être tendre avec mon·a partenaire.

___ S

26. Quand mon partenaire est hors de vue, je crains qu'iel ne s'intéresse à quelqu'un d'autre.

___ P

27. Mon·a partenaire dit que je ne le·a comprends pas, mais en même temps, iel ne dit pas clairement ce qu'iel ressent.

__ __ C

28. J'ai eu une enfance pas très heureuse.

__ __ D

29. Mon·a partenaire me comprend vraiment et comprend mes besoins.

__ __ S

30. Quand je montre mes sentiments à mon·a partenaire, j'ai peur qu'iel ne ressente pas la même chose pour moi.

__ __ P

31. Je n'aime pas partager mes pensées, rêves ou désirs avec mes partenaires.

__ __ C

32. Je deviens vite agressif·ve dans mon couple.

__ __ D

33. Quand je me mets en couple, c'est que j'ai confiance en l'autre.

__ __ S

34. Je m'inquiète souvent à l'idée d'être quitté·e.

__ __ P

35. Je perçois plus les défauts que les qualités chez mes partenaires.

__ __ C

36. Je suis trop souvent angoissé·e ou déprimé·e.

__ __ D

37. Je m'aime bien.

___ S

38. Mon désir d'être très proche effraie parfois mes partenaires.

___ P

39. Mon·a partenaire me trouve souvent distant·e.

___ C

40. J'ai grandi dans une insécurité affective.

___ D

41. Je ne manque pas de confiance en moi.

___ S

42. Je crains de ne pas être à la hauteur des autres.

___ P

43. J'ai du mal à exprimer mes émotions.

___ C

44. Mes parents pouvaient être menaçants avec moi.

___ D

45. Je sais développer une intimité ou construire une complicité avec les gens.

___ S

46. Cela me met très en colère de ne pas recevoir l'affection et le soutien de mon·a partenaire.

___ P

47. Je me méfie de l'engagement en amour.

__ __ C

48. Je n'ai pas beaucoup de relations sociales saines.

__ __ D

Pour déterminer le style d'attachement qui vous caractérise le plus, c'est-à-dire celui qui remporte le plus haut score, additionnez les points obtenus dans les cases précédées de la lettre :

S Nombre d'items auxquels je m'identifie : ________

P Nombre d'items auxquels je m'identifie : ________

C Nombre d'items auxquels je m'identifie : ________

D Nombre d'items auxquels je m'identifie : ________

Si vous avez plus de points dans une catégorie, c'est celle qui vous correspond le mieux comme style d'attachement :

S correspond à un attachement serein, sécurisé ;

P à un attachement préoccupé ;

C à un attachement craintif et évitant ;

D à un attachement désorganisé.

Si l'attachement serein correspond à moins de souffrance en amour, l'attachement désorganisé et l'attachement craintif et évitant le sont habituellement

À noter que les types d'attachement sont ici décrits dans leur absolu ; dans la réalité, les individus ne les expriment pas autant. Vous pouvez découvrir un profil dans lequel un ou peut-être deux types sont légèrement plus marqués. Par ailleurs, la complexité du profil semble s'accompagner de différences significatives selon le contexte dans lequel vous interagissez. Dans tous les cas, le style d'attachement est associé à vos attentes envers autrui.

LES DIFFÉRENTS STYLES D'ATTACHEMENT

L'origine de la théorie de l'attachement dans le contexte des relations amoureuses trouve ses racines dans les recherches du psychiatre britannique John Bowlby (1907-1990). Elle est basée principalement sur le développement psychologique de l'enfant. Selon Bowlby, les expériences d'attachement précoce influencent profondément la manière dont les individus établissent des liens affectifs tout au long de leur existence.
L'enfant, en réaction aux interactions avec ses parents, élabore des représentations cognitives des expériences d'attachement relatives à soi et aux autres. Ces représentations de soi impliquent une évaluation par l'enfant de sa propre valeur en termes de mérite pour recevoir assistance et réconfort. Les représentations qu'il a des autres se rapportent à la perception de la disponibilité des parents à fournir protection et réconfort en cas de besoin. Une réponse cohérente des parents aux besoins de l'enfant conduit au développement d'un style d'attachement sécurisé.
Ces modèles mentaux, formés durant l'enfance en réponse aux interactions avec les figures d'attachement primaires (généralement les parents), persistent souvent tout au long de la vie, influençant les attentes, les perceptions et les comportements dans les relations ultérieures. À la fin des années 1980, la théorie de l'attachement a été étendue pour inclure les relations amoureuses chez les adultes.

Les développements de cette théorie ont identifié deux dimensions, à savoir les niveaux d'anxiété (allant de très anxieux à très peu anxieux) et d'évitement/rapprochement, générant ainsi quatre styles d'attachement distincts. Les individus présentant un niveau élevé d'anxiété sont enclins à s'interroger trop souvent sur l'authenticité de l'amour de leurs partenaires et ressentent la crainte du rejet.

Ces niveaux d'anxiété sont associés à une mésestime de soi et aux attentes d'acceptation ou de rejet par les autres. D'autre part, ceux dont le niveau d'évitement est élevé ont une tendance moindre à dépendre de leurs partenaires et à se livrer émotionnellement.

De nombreuses études, ces trente dernières années, ont été consacrées à l'exploration des liens qui existent entre le style d'attachement d'un individu et diverses caractéristiques des relations de couple que cet individu réalise, telles que le sentiment de bien-être que procure cette relation. Une méta-analyse sur ces études, étudiant les relations entre les styles d'attachement et la satisfaction au sein des relations amoureuses, a été menée par Carrie Smith de l'université du Mississippi et son équipe[1]. Leur investigation a inclus la participation de 14 340 individus. Il a été établi que le maintien d'un style d'attachement sécurisé se trouvait associé à une satisfaction plus grande. Au contraire, les styles craintif-évitant, préoccupé et désorganisé étaient corrélés à une satisfaction moindre. Ce lien entre les styles d'attachement et la satisfaction s'est avéré particulièrement prononcé chez les femmes. Par ailleurs, il a été noté que plus la durée de la relation était étendue, plus les styles d'attachement non sécurisés exerçaient une influence néfaste sur la satisfaction au sein de ladite relation.

Voyons maintenant les quatre types d'attachement, côté parents et côté enfant. Bien entendu, cette classification a un caractère schématique.

1. Benjamin W. Hadden, Carrie Veronica Smith, Gregory D. Webster : « Relationship Duration Moderates Associations Between Attachment and Relationship Quality : Meta-Analytic Support for the Temporal Adult Romantic Attachment Model. » *Sage Journals*, sept. 2013.

Il est important de noter que ces caractéristiques ne sont pas exhaustives et que chaque enfant et chaque famille sont uniques. Les deux parents peuvent également présenter des comportements contradictoires entre eux, et l'attachement d'un enfant est influencé par une variété de facteurs. Néanmoins, ce modèle, bien que sommaire, nous aide à y **voir plus clair dans notre façon de nous attacher à notre partenaire et dans la façon qu'a notre partenaire à s'attacher à nous. Il aide à mieux comprendre notre façon d'être dans la relation amoureuse et à mieux évoluer si besoin.**

L'attachement sécurisé

Il est sans aucun doute le plus enviable des modes d'attachement.

Côté parents

Les parents d'un enfant avec un attachement sécurisé montrent généralement des comportements et des attitudes qui favorisent un développement émotionnel sain et une relation solide avec leur enfant.
Ces parents sont sensibles aux besoins de leur enfant. Ils réagissent de manière cohérente et appropriée. Ils sont capables de percevoir les signaux émotionnels de l'enfant et d'y répondre de manière adaptée. Ils maintiennent une certaine constance dans leurs réponses aux besoins de l'enfant. Cela crée un environnement prévisible et fiable pour l'enfant, renforçant ainsi sa confiance dans la relation. Ces parents peuvent bien sûr se fâcher contre leur enfant, mais ils l'aiment et l'acceptent sans condition. L'enfant se sent en sécurité pour exprimer ses émotions et ses besoins, sans craindre le rejet. Les parents encouragent l'exploration et l'indépendance de l'enfant. Ils lui offrent un soutien émotionnel tout en lui permettant de découvrir le monde qui l'entoure, renforçant ainsi sa confiance en ses propres compétences.

Ils favorisent une communication ouverte et encourageante avec leur enfant. Ils sont à l'écoute de ses préoccupations, répondent à ses questions et l'aident à comprendre ses propres émotions. Bien qu'ils offrent une liberté d'exploration, ils établissent également des limites claires et cohérentes qui peuvent évoluer en fonction de l'âge de l'enfant. L'enfant développe un sentiment de sécurité tout en apprenant les normes sociales et familiales. Lorsque des conflits surviennent, les parents sont enclins à résoudre les problèmes de manière constructive. Ils enseignent à l'enfant des compétences de résolution de problème et montrent que les relations peuvent être réparées après des désaccords.

En résumé, **les parents d'un enfant avec un attachement sécurisé créent un environnement émotionnellement favorable en étant attentifs, bienveillants, consistants et ouverts à la communication.** Cette approche parentale favorise le développement de compétences sociales et émotionnelles saines chez l'enfant, lui permettant de construire des relations positives avec les autres tout au long de sa vie.

Côté enfant

Un enfant ayant bénéficié d'un attachement sécurisé a plus de chance qu'un autre de devenir un adulte confiant, ouvert et capable d'établir des relations saines et durables avec les autres, que ce soit dans le domaine professionnel, amical et amoureux.

Les personnes avec un attachement sécurisé ont une confiance en elles-mêmes relativement élevée. Elles se sentent à l'aise avec qui elles sont et sont capables de s'exprimer authentiquement dans leurs relations. Elles ont également confiance dans les autres – trop parfois, ce qui peut leur causer du tort – et sont en mesure de compter sur les gens de leur entourage. Elles ne ressentent pas le besoin constant de vérifier ou de surveiller leurs relations, car elles croient en la fiabilité et la loyauté de leurs proches.

Cette naïveté fait que dans leur jeune âge, elles peuvent se faire avoir en ne voyant pas le mal. Mais elles s'en remettent émotionnellement. Elles sont capables de communiquer leurs sentiments, leurs besoins et leurs préoccupations de manière claire et respectueuse. Elles sont à l'aise pour exprimer leurs émotions et sont ouvertes à l'écoute des autres. Elles recherchent et maintiennent des relations intimes et profondes avec leurs partenaires, basées sur la confiance, le respect et la compréhension mutuelle. Elles sont à l'aise pour partager leurs pensées et leurs sentiments les plus profonds avec leurs proches. Plutôt que d'éviter les conflits ou d'adopter un comportement agressif, les personnes avec un attachement sécurisé sont capables de gérer les désaccords de manière constructive. Elles sont ouvertes à la résolution de problèmes et recherchent des compromis qui satisfont toutes les parties impliquées. En bref, **une personne avec un attachement sécurisé dans ses relations est généralement confiante, ouverte, communicative et capable d'établir des liens intimes et durables avec les autres**. Mais cette sécurité affective n'est pas la garantie de trouver la « bonne » personne et n'immunise pas de la souffrance en amour, notamment en cas de rupture.

L'attachement préoccupé

Côté parents

Les parents d'un enfant présentant un attachement préoccupé ou encore nommé « anxieux ambivalent » ont souvent des caractéristiques de comportement qui peuvent contribuer à ce style d'attachement. En effet, **l'attachement préoccupé est généralement le résultat d'une inconsistance dans la réactivité parentale**, ce qui peut engendrer chez l'enfant une appréhension quant à la disponibilité et à la prévisibilité des réponses parentales. Les parents peuvent réagir de manière imprévisible aux besoins émotionnels de l'enfant.

Parfois, ils sont très réceptifs et attentifs, tandis qu'à d'autres moments, ils peuvent sembler indifférents ou inaccessibles. Il leur arrive de manifester une préoccupation excessive à l'égard du bien-être émotionnel de l'enfant. Ils peuvent être trop protecteurs ou anxieux, ce qui peut entraîner chez l'enfant une anxiété de séparation et une dépendance émotionnelle accrue. L'amour et l'approbation des parents peuvent sembler dépendre du comportement de l'enfant. L'enfant peut ressentir qu'il doit satisfaire constamment les attentes des parents pour obtenir leur amour, ce qui peut générer une anxiété de performance. Ils peuvent avoir du mal à établir des limites claires pour l'enfant, entraînant une confusion chez ce dernier quant aux attentes parentales et à la gestion des émotions. Enfin, ces parents peuvent réagir de manière très émotive aux sentiments de l'enfant, amplifiant l'anxiété de l'enfant face à ses propres émotions. Les réponses parentales peuvent parfois être imprévisibles et démesurées. De fait, la relation entre les parents peut être caractérisée par une instabilité émotionnelle ou des conflits fréquents, ce qui peut affecter la stabilité émotionnelle de l'enfant.

Côté enfant

Un attachement parental préoccupé chez un enfant peut se traduire par différents comportements et réactions qui reflètent son inquiétude quant à la disponibilité ou la fiabilité des figures d'attachement. L'enfant peut manifester une anxiété importante lorsqu'il est séparé de ses parents, même pour de courtes périodes. Il peut pleurer, se cramponner ou refuser de se séparer de ses parents lorsqu'il est temps de les quitter. Il va souvent rechercher la réassurance de ses parents pour se sentir en sécurité. Il demande fréquemment à être rassuré sur le fait que ses parents seront là pour lui et l'aiment. Souvent en alerte quant à la disponibilité de ses parents, quand il est petit il surveille des signes de départ.

Plus grand, il s'inquiète pour la sécurité de ses parents quand ils sortent et pour leur santé, craignant qu'ils disparaissent. En l'absence de ses parents, face à de nouvelles situations ou à de nouveaux environnements, il a du mal à s'adapter. Et il va se montrer réticent à participer à des activités sans leur présence ou à passer du temps avec d'autres adultes. L'enfant exprime une préoccupation excessive pour le bien-être de ses parents ou pour leur sécurité. Il peut être constamment soucieux de leur santé ou de leur sécurité lorsqu'ils sont séparés. Il peut rechercher activement l'attention et l'affection de ses parents, leur regard ou demander leur approbation de manière persistante. Bien sûr, ces comportements varient en fonction de divers facteurs, notamment l'âge de l'enfant, son tempérament et ses expériences précoces.

Devenus adultes et en couple, **les personnes avec un attachement préoccupé peuvent chercher constamment la réassurance de leur partenaire pour se sentir aimés et en sécurité dans la relation**. Ils peuvent poser fréquemment des questions sur leurs sentiments ou leurs intentions, et chercher des signes d'affection et d'engagement. Anxieux à l'idée d'être séparés de leur partenaire, même pour de courtes périodes, ils vont envoyer beaucoup de messages. Ils peuvent avoir du mal à réguler leurs propres émotions et à maintenir un sentiment d'indépendance émotionnelle dans la relation. Dans les situations les plus marquées, craignant d'être abandonnés ou rejetés par leur partenaire, ils vont avoir parfois des comportements de contrôle ou de manipulation pour éviter cette éventualité. Il leur arrive de surinvestir émotionnellement leur partenaire, passant de l'idéalisation à la diabolisation avec des conflits liés à leur attente en fonction de leurs besoins émotionnels.

L'attachement craintif-évitant

Côté parents

L'attachement craintif-évitant (ou détaché par manque d'affection) se manifeste lorsque l'enfant développe **une méfiance envers les interactions émotionnelles en raison de l'expérience de réponses parentales imprévisibles ou rejetantes**. Les parents d'un enfant avec un attachement craintif-évitant peuvent présenter certaines caractéristiques spécifiques. Ils ont habituellement un déficit d'expression émotionnelle, en plus d'avoir du mal à exprimer ouvertement leurs propres émotions. Ils peuvent minimiser l'importance des sentiments et encourager la retenue émotionnelle. Face aux signaux émotionnels de l'enfant, ces parents peuvent réagir de manière minimale ou indifférente. Il arrive qu'ils n'offrent pas de réconfort ou de validation émotionnelle, conduisant l'enfant à supprimer ses propres émotions. C'est-à-dire qu'ils ne réagissent pas aux émotions de l'enfant qui, en conséquence, ne développe pas son intelligence émotionnelle, ne sachant ni lire ses propres émotions ni celles d'autrui. Les parents peuvent aussi encourager l'indépendance émotionnelle de l'enfant dès le plus jeune âge, susceptible de créer un environnement où l'enfant apprend à minimiser ses propres besoins émotionnels. Dans ce contexte, les parents peuvent éviter les contacts physiques fréquents ou les gestes d'affection envers l'enfant. Ceci contribue à créer une distance émotionnelle entre les parents et l'enfant. En accordant une importance particulière à l'autosuffisance de l'enfant, ces parents valorisent l'idée que l'enfant devrait être capable de gérer ses émotions de manière indépendante. Au pire, quand l'enfant est confronté à des situations stressantes, les parents peuvent ne pas proposer de soutien émotionnel adéquat, conduisant l'enfant à développer des mécanismes d'adaptation autonome.

Quand les parents montrent un modèle d'attachement émotionnellement distant au sein de leur propre couple, l'enfant pourra plus tard adopter une attitude similaire.

Côté enfant

Les enfants avec un attachement craintif-évitant peuvent sembler moins enclins à rechercher le réconfort ou la proximité avec leurs parents (ou les figures d'attachement). Ils peuvent sembler détachés ou indifférents lorsqu'ils sont séparés de leurs parents ou lorsqu'ils font face à des situations stressantes. Fréquemment, ils montrent **un désir précoce d'indépendance** et sont plus enclins à explorer leur environnement sans chercher constamment la réassurance de leurs parents. Ils peuvent minimiser ou ignorer leurs propres émotions ou celles des autres, avoir du mal à exprimer leurs besoins émotionnels ou à reconnaître lorsqu'ils se sentent vulnérables ou anxieux. Ces enfants peuvent rencontrer des difficultés à établir des relations de confiance et des liens intimes avec d'autres enfants ou adultes en raison de leur tendance à éviter l'intimité émotionnelle. Ils vont, dès lors, développer volontiers des stratégies d'adaptation telles que la suppression de leurs émotions ou la mise en place de barrières émotionnelles pour se protéger des situations qui pourraient les rendre vulnérables.
Plus tard, dans leur couple, leur tendance à éviter l'intimité émotionnelle peut rendre difficile, pour ces personnes, la possibilité de se connecter profondément avec leur partenaire. Elles peuvent être réticentes à exprimer leurs besoins émotionnels ou à rechercher le soutien de leur partenaire en cas de difficultés. Dans le cadre d'une union, devenus adultes, ils peuvent sembler distants ou détachés émotionnellement et être préoccupés par leur indépendance et leur autonomie, ce qui peut entraîner une certaine réticence à s'engager pleinement dans la relation. Une situation qui crée des déficits de communication et de connexion émotionnelle dans le couple.

Leurs partenaires peuvent se sentir frustrés par le manque d'expression émotionnelle de la personne ayant un attachement craintif-évitant, tandis que cette dernière peut se sentir submergée ou envahie par les besoins émotionnels de son partenaire.

Nous venons de passer en revue les quatre principaux types d'attachement présents chez l'enfant qui se construisent en grande partie en fonction de la nature des relations conduites par les parents et plus globalement par les personnes qui l'ont élevé (le rôle des nourrices et de la famille élargie, par exemple, est à prendre en compte).

Nous avons souvent peu conscience de notre style d'attachement. C'est en prenant du recul sur les modes de relations amicales ou amoureuses que nous avons qu'il devient possible de le connaître.

Heureusement, nos styles d'attachement, bien qu'élaborés à partir de la prime enfance, peuvent évoluer selon nos expériences relationnelles, nos rencontres amicales ou amoureuses, une meilleure connaissance de soi et l'envie de changer.

L'attachement désorganisé

Côté parents

Dans un schéma d'attachement désorganisé, **les comportements des parents peuvent être incohérents, désorganisés et parfois même effrayants pour l'enfant** : ils vont rapidement passer d'une affection excessive à un rejet total, ce qui crée de la confusion chez l'enfant quant à la manière dont il doit répondre aux besoins de ses parents pour obtenir leur approbation ou leur attention. Ils peuvent parfois être des sources de peur pour l'enfant, que ce soit à travers des comportements physiques menaçants ou bien du fait de leur instabilité émotionnelle qui peut être perçue comme dangereuse.

Ils vont aussi parfois osciller entre des comportements d'attachement et de rejet, ce qui crée une ambiance imprévisible et stressante pour l'enfant. Les parents manquent de sensibilité aux besoins de l'enfant ou ne répondent pas de manière adéquate à ses signaux, ce qui engendre un sentiment d'insécurité et de détresse chez l'enfant. Dans certains cas, les parents peuvent eux-mêmes avoir été victimes de traumatismes non résolus, ce qui peut se refléter dans leurs interactions avec leur enfant, créant ainsi un cycle de transmission intergénérationnel de l'attachement désorganisé. En résumé, ce type de parents peut présenter un large éventail de comportements perturbateurs qui compromettent la capacité de l'enfant à former des liens sécurisés et stables avec ses figures d'attachement, présentes et futures.

Côté enfant

Les enfants avec un attachement désorganisé peuvent présenter des troubles émotionnels tels que l'anxiété, la dépression, des sautes d'humeur importantes et des difficultés à réguler leurs émotions. Ils peuvent également manifester des comportements perturbateurs tels l'agressivité, la désobéissance, le retrait social ou des problèmes de sommeil. Ils ont parfois du mal à établir et à maintenir des relations sociales saines. Ils peuvent rencontrer des difficultés à faire confiance aux autres, à former des liens affectifs profonds et à développer un sentiment de sécurité dans leurs relations, qu'elles soient amicales ou amoureuses. En raison du manque de soutien et de validation émotionnelle de la part des figures d'attachement, ces enfants peuvent avoir une faible estime de soi et une perception négative d'eux-mêmes. Devenus adultes, ils peuvent internaliser des modèles de relation dysfonctionnels, basés sur l'instabilité émotionnelle, le manque de confiance et le désengagement émotionnel.

Cela peut se traduire par des difficultés à établir et à maintenir des relations sentimentales saines et stables à l'âge adulte.
En raison de leur expérience d'attachement instable et parfois traumatisante, les adultes ayant eu un attachement désorganisé quand ils étaient enfants peuvent développer **une peur de l'engagement dans leurs relations**. Ils peuvent avoir du mal à faire confiance à leur partenaire et à s'engager émotionnellement de peur d'être blessés ou abandonnés. Une fois adultes, certains, peuvent rechercher de manière compulsive des relations affectives pour combler le vide émotionnel ressenti pendant l'enfance, ce qui peut conduire à des comportements de dépendance émotionnelle. Ils vont rencontrer des difficultés dans la communication émotionnelle avec leur partenaire, ainsi que dans la résolution de conflits de manière saine et constructive. Ils peuvent avoir du mal à exprimer leurs besoins et leurs émotions de manière claire et à comprendre les besoins et les émotions de leur partenaire.

COMMENT NE PLUS EN SOUFFRIR?

Certes, notre style d'attachement s'enracine dans nos toutes premières relations, quand nous sommes enfant, et est bien campé à l'âge adulte. Cependant, il n'est pas totalement figé pour autant. Nous avons une capacité d'évolution tout au long de notre existence. Cette évolution est liée à nos expériences sentimentales, à notre évolution psychologique, mais aussi au travail que nous pouvons mener sur nous.
Voyons comment nous pouvons participer à une évolution positive de notre style d'attachement vers l'attachement sécurisé, source de bien-être et de sérénité, si celui-ci nous fait souffrir – comme ce peut être le cas avec les styles d'attachement préoccupé, craintif-évitant ou désorganisé. En effet, on l'a vu, le style d'attachement sécurisé est source de bien-être.

Si votre style d'attachement est préoccupé

Évoluer positivement lorsque vous avez un style d'attachement préoccupé implique généralement un processus de développement personnel visant à renforcer votre sécurité émotionnelle et à promouvoir des relations interpersonnelles plus saines. C'est habituellement un assez long processus pour y parvenir. Voici quelques suggestions pour évoluer de manière positive.

Le premier pas est bien entendu **la prise de conscience** de votre style d'attachement préoccupé. Comprendre comment ce style influence vos pensées, émotions et comportements est essentiel pour apporter des changements.

Ensuite, **explorez les origines** de votre style d'attachement. Comprenez comment votre enfance et les relations avec vos parents ou équivalents parentaux (nourrices, éducateurs, grands-parents, fratrie…) ont influencé la formation de ce mode d'attachement. Cette prise de conscience peut contribuer à défaire certaines croyances et certains schémas de pensée limitants. Considérez la possibilité de consulter un professionnel de la santé mentale, tel qu'un psychologue ou un psychiatre. La psychothérapie permet, en analysant vos expériences passées, de développer des compétences en matière de gestion des émotions et de construire des modèles relationnels plus sains.

Travaillez sur le renforcement de votre estime de vous-même. Apprenez à reconnaître et à valoriser vos qualités. Cela peut vous aider à réduire le besoin constant de validation externe et à développer une base plus solide pour des relations équilibrées. Cultivez la compassion envers vous-même. Soyez gentil·le et compréhensif·ve envers vos propres erreurs et imperfections. Apprenez à vous traiter avec la même bienveillance que vous offririez à un ami.

Apprenez des stratégies de régulation émotionnelle. Cela peut inclure la méditation, la pleine conscience, la respiration profonde, la cohérence cardiaque, l'autoanalyse ou d'autres techniques qui vous aident à gérer les émotions intenses de manière saine.

Pratiquez une communication ouverte et honnête dans vos relations. Exprimez vos besoins, préoccupations et sentiments de manière assertive, tout en écoutant activement les besoins des autres. Apprenez à établir des limites claires et saines pour vous aider à maintenir une distance émotionnelle appropriée et éviter une dépendance excessive dans les relations.

Cherchez des relations sécurisantes et positives. Entourez-vous de personnes qui vous soutiennent émotionnellement et qui peuvent contribuer à renforcer votre sentiment de sécurité. Investissez dans le développement de relations de confiance. Cela peut prendre du temps, mais des relations basées sur la confiance mutuelle peuvent contribuer à réparer les schémas d'attachement préoccupés.

Soyez patient·e avec vous-même et sachez que chaque petit progrès compte. Rappelez-vous que l'évolution positive peut être un processus continu, il est donc normal de rencontrer des obstacles, à voir comme des défis en cours de route.

Si votre style d'attachement est craintif-évitant (ou détaché)

Évoluer de manière favorable lorsque votre style d'attachement est craintif-évitant implique un travail sur vous visant à développer une plus grande ouverture émotionnelle, à renforcer la confiance dans les relations et à favoriser des connexions plus sécurisantes. Voici quelques suggestions pour évoluer positivement.

Comme pour tous les modes d'attachement, **identifiez et reconnaissez votre style d'attachement craintif-évitant**. Prendre conscience de vos schémas émotionnels est en effet la première étape pour apporter des changements positifs.

Partez là aussi à la recherche des origines de votre attachement. Comprenez comment vos expériences passées, notamment votre enfance et vos relations précoces, ont influencé votre style d'attachement. Envisagez la possibilité de consulter un professionnel de la santé mentale, comme un psychologue ou un psychiatre, pour vous aider à comprendre les raisons derrière votre attachement, à explorer en profondeur vos modèles relationnels, à identifier les sources de vos craintes et à développer des stratégies pour créer des liens plus sécurisants et des liens émotionnels plus sains.

Travaillez sur le développement de votre sensibilité émotionnelle. Identifiez et étiquetez vos émotions, même les plus subtiles. Apprenez à les reconnaître et à les exprimer de manière appropriée, claire et constructive. Exercez-vous à la pratique de l'empathie envers les autres. Essayez de comprendre les émotions des personnes qui vous entourent et de vous connecter émotionnellement avec elles. Pratiquez l'intimité émotionnelle. Apprenez à partager vos pensées et vos sentiments de manière authentique, et soyez disponible pour recevoir les partages émotionnels des autres. Pratiquez la vulnérabilité en permettant à d'autres personnes de voir vos émotions et vos besoins réels. Cela peut vous aider à créer des connexions plus profondes et significatives.

Explorez et gérez vos peurs d'abandon. Comprenez que toutes les relations comportent un certain niveau de risque, mais que la vulnérabilité peut également conduire à des connexions plus profondes. Cherchez des relations qui sont émotionnellement enrichissantes. Entourez-vous de personnes positives qui peuvent vous offrir un soutien émotionnel et vous aider à construire des liens plus profonds.

Travaillez sur le renforcement de la confiance en vous-même et en autrui. La confiance est essentielle pour établir des liens émotionnels solides. Identifiez les croyances négatives sur la confiance qui peuvent alimenter vos tendances craintives-évitantes et remplacez-les par des pensées plus positives. Impliquez-vous dans des activités expressives telles que l'art, l'écriture ou la musique. Cela peut vous aider à libérer des émotions refoulées et à favoriser l'expression créative des sentiments.

Rappelez-vous que le changement peut prendre du temps, et qu'il est important d'adopter une approche bienveillante envers vous-même.

Si votre style d'attachement est désorganisé

Le style d'attachement désorganisé est généralement associé à une histoire personnelle plus chargée en traumatismes et nécessite, plus qu'un autre mode d'attachement, le soutien d'un psychologue ou psychiatre pour évoluer positivement.

Comme pour les autres styles d'attachement, la première étape est d'en **prendre conscience, de reconnaître et d'accepter votre style d'attachement**, et de comprendre en quoi il influence vos relations et vos émotions dans le couple. L'exploration de vos expériences passées nécessite une plongée dans votre enfance et l'analyse des liens intrafamiliaux et des éventuelles maltraitances ou carences subies. Il faudra faire preuve de grande autocompassion. Et parvenir à admettre que vous n'êtes pas responsable de ce que vous avez subi, que vous méritiez comme tous les enfants, et que vous méritez comme chacun d'entre nous, de l'amour et du soutien.

Cherchez des relations saines et sécurisantes dans lesquelles vous pratiquerez des modèles d'attachement plus positifs. Les relations avec des personnes qui sont compatissantes, respectueuses et capables de fournir un soutien émotionnel peuvent vous aider sur la durée à contrebalancer les schémas de votre style d'attachement désorganisé. À l'inverse, fuyez les partenaires négligents, égoïstes, maltraitants ou toxiques. Ceux-là ou celles-là vont parfois vous attirer car vous avez été habitué dans votre enfance à cohabiter avec, et même si vous en avez souffert, ces modèles ont cependant le confort du familier, du connu et sont choisis inconsciemment pour cette raison.

Soyez patient·e avec vous-même. Changer son style d'attachement prend du temps et de la persévérance. Rappelez-vous que chaque petit progrès est utile.

Quel que soit votre style d'attachement, il arrive de vous mettre en couple avec un partenaire qui se révèle difficile voire toxique ; la relation devient vite source de souffrance comme nous allons le voir.

Nous venons de passer en revue les quatre principaux types d'attachement présents chez l'enfant, qui se construisent en grande partie en fonction de la nature des relations conduites par les parents, et plus globalement par les personnes qui l'ont élevé (le rôle des nourrices et de la famille élargie, par exemple, est à prendre en compte). Nous avons souvent peu conscience de notre style d'attachement. C'est en prenant du recul sur les modes de relations amicales ou amoureuses que nous entretenons qu'il devient possible de le connaître. Heureusement, nos styles d'attachement, bien qu'élaborés à partir de la prime enfance, peuvent évoluer selon nos expériences relationnelles, nos rencontres amicales ou amoureuses, une meilleure connaissance de soi et l'envie de changer.

MON·A PARTENAIRE EST DIFFICILE, VOIRE TOXIQUE

Il arrive que nous tombions sur une personne toxique, soit par naïveté – comme c'est le cas notamment chez les personnes ayant un attachement sécurisé – soit parce que, hélas ! nos blessures d'enfance nous rendent moins aptes à nous en prémunir et à nous en débarrasser. Mais aussi parce que les partenaires toxiques cachent souvent leur jeu au début… Et plus globalement parce que l'amour est aveugle, surtout chez les moins expérimentés d'entre nous. Quoi qu'il en soit, les partenaires toxiques dont on tombe amoureux·se sont, par définition, à brève ou moyenne échéance, source de souffrance en amour.

RECONNAÎTRE ET FUIR LES VRAI·ES TOXIQUES

Nul·le n'est à l'abri de tomber amoureux·se d'un·e partenaire toxique. Selon notre propre histoire, notre expérience amoureuse, notre personnalité et notre style d'attachement, nous allons plus ou moins facilement et rapidement en prendre conscience et parvenir à nous en séparer.

Le danger primordial est de croire que le malaise généré par cette toxicité vient uniquement de nous-même, et qu'en conséquence, nous en venions à nous remettre déraisonnablement en question, sans questionner le fonctionnement anormal du ou de la partenaire. Car entendons-nous bien : quand nous parlons de partenaire toxique, il ne s'agit pas de problèmes de couple, sur lesquels nous pouvons travailler pour le sauver, mais bien plutôt de sauver sa peau en rompant la relation au plus tôt.
Le préalable à cette issue de secours est bien entendu de **savoir qu'il existe des partenaires toxiques**. Car quand on a grandi dans un milieu familial très sain, on est volontiers naïf en ce domaine. Mais on l'est aussi paradoxalement quand on a eu un parent toxique, car on n'a pas forcément pris conscience qu'il l'était. En effet, ce qu'on vivait dans sa famille était alors pour nous la normalité. Le risque alors est de répéter dans son propre couple ce mode relationnel et d'être à nouveau en position de victime (ou de bourreau).

En second lieu, **il importe de les reconnaître car ils avancent souvent masqués !** De nombreux ouvrages décrivent des partenaires toxiques, notamment les pervers narcissiques. Mais ils sont loin d'être les seuls. Il est des partenaires toxiques qui peuvent présenter différents traits de personnalité et divers comportements qui contribuent à la toxicité de la relation à des degrés divers. Ce sont, dans le cadre amoureux, des partenaires qui ont souvent un besoin de contrôle élevé. Ils cherchent à dicter les actions, les décisions et même les pensées de l'autre. Ils utilisent fréquemment des tactiques de manipulation pour obtenir ce qu'ils veulent de nous : cela peut inclure la culpabilisation, la victimisation, la distorsion de la réalité et le chantage émotionnel. Un manque de considération pour vos besoins, vos sentiments et vos limites sont courants.
Les partenaires toxiques ont tendance à être centrés sur eux-mêmes.

Ils peuvent aussi se montrer extrêmement jaloux et possessifs, entraînant un comportement contrôlant et restrictif sur nos actions. Ils peuvent tenter de nous isoler en nous coupant peu à peu de nos amis, de notre famille et de notre réseau de soutien, renforçant ainsi leur emprise sur nous. Ils vont volontiers nous critiquer de manière dévalorisante, sapant ainsi notre estime de soi.
Sur le plan émotionnel, il n'est pas rare qu'ils ou elles aient des sautes d'humeur fréquentes, passant d'un extrême à l'autre sans avertissement, rendent la relation imprévisible et stressante. Des explosions de colère, des insultes verbales ou même des actes de violence physique peuvent être des manifestations de comportement toxique. Ils ont aussi du mal à assumer la responsabilité de leurs actions. Ils blâment souvent les autres pour leurs propres erreurs ou problèmes. En cas de conflits, au lieu de chercher à résoudre les problèmes par le dialogue et la compréhension mutuelle, ils adoptent des approches agressives ou évitent complètement les conflits.
Il est important de noter que ces traits ne sont pas exclusifs les uns des autres, et une personne toxique peut manifester une combinaison de plusieurs de ces comportements.

Si vous suspectez que vous êtes dans une relation toxique, **il est essentiel de rechercher du soutien auprès de professionnels ou de personnes de confiance pour vous aider si besoin à rompre.**
Heureusement, les partenaires toxiques ne sont pas les plus fréquents. En revanche, un partenaire ayant une personnalité difficile peut rendre compliquée la relation de couple et être une source de mal d'amour.

VIVRE AVEC UNE PERSONNALITÉ DIFFICILE

Certes, même si cela est moins grave que de vivre avec une personnalité toxique, on peut tomber amoureux·se d'un individu ayant une personnalité difficile, ce qui peut occasionner des relations de couples insatisfaisantes. Il est important de noter que la perception de quelqu'un en tant que « personnalité difficile à vivre » peut varier d'une personne à l'autre, en fonction de facteurs tels que sa personnalité, ses valeurs, ses expériences de vie et ses attentes individuelles ; ce qui peut être difficile pour une personne peut ne pas l'être pour une autre. Cependant, certaines caractéristiques ou comportements peuvent être généralement considérés comme difficiles à vivre. Voici donc une liste non exhaustive de situations possibles, accompagnées de conseils pour rendre la relation plus agréable pour vous.

COMMENT NE PLUS EN SOUFFRIR?

Si votre partenaire est une personne autoritaire et contrôlante

Vous pouvez comprendre que votre partenaire cherche souvent à contrôler les autres, vous en particulier, et à vouloir imposer sa volonté de manière excessive.

Vivre avec une personne ayant une personnalité autoritaire peut être pénible. Mais il existe des stratégies pour favoriser une cohabitation plus harmonieuse. Voici quelques conseils qui pourraient vous être utiles :

Essayez d'établir une communication honnête et ouverte avec votre partenaire. Exprimez vos sentiments et vos préoccupations de manière calme et constructive.

Définissez, tout aussi clairement, vos propres limites et assurez-vous que votre partenaire les respecte.

Cela peut nécessiter une communication claire sur ce que vous êtes prêt·e à accepter et sur ce qui est inacceptable.

Identifiez les domaines au sein desquels vous avez des intérêts communs avec votre partenaire et où vous pouvez agir ensemble, de manière constructive. Vous établirez ainsi des points d'entente entre vous et réduirez les frictions.

Ne vous engagez pas dans des conflits pour des choses mineures. Choisissez vos batailles et concentrez-vous sur les problèmes vraiment importants. En cas de conflit, exprimez vos besoins et vos opinions de manière assertive, c'est-à-dire clairement et directement tout en respectant les droits des autres. Cela peut aider à équilibrer la dynamique de la relation.

Là où cela est possible, cherchez des solutions de compromis qui répondent aux besoins des deux parties pour éviter les confrontations inutiles.

Vivre avec un partenaire autoritaire nécessite de la patience. Essayez de comprendre ses motivations et soyez prêt·e à attendre que les choses se calment avant d'aborder des sujets sensibles.

Si la situation devient trop difficile à gérer, envisagez de consulter un médiateur ou un professionnel de la santé mentale. Un tiers neutre peut aussi parfois aider à faciliter la communication et à trouver des solutions.

Si votre partenaire est une personne négative et pessimiste

Je parle ici des partenaires qui ont constamment une attitude négative et qui peuvent être difficiles à vivre pour cette raison, car leur perspective peut influencer l'ambiance générale.

C'est le cas de Hélora

J'ai vécu trois ans avec Kevin avant de craquer face à sa négativité. Dans toutes les situations, il envisageait le pire scénario possible.

> Un petit problème devenait une catastrophe imminente. Et il passait son temps à avoir un regard négatif sur les autres, mais aussi sur lui-même et sur notre couple. Il n'était jamais content de rien et voyait toujours le verre à moitié vide. Il pensait être celui qui avait le plus de problèmes et se plaignait constamment. Il se montrait toujours pessimiste. « Ça ne marchera pas » était sa devise préférée. Il ruminait sans cesse les événements passés en se focalisant sur les aspects négatifs.

Vivre avec un partenaire pessimiste peut être un véritable défi, car la négativité de ce dernier peut affecter votre propre humeur, votre motivation et votre vision de la vie. Il est important de trouver des moyens de gérer la situation de manière saine, pour vous comme pour votre relation. Voici quelques conseils : Prenez le temps de comprendre **la source du pessimisme** de votre partenaire. Il peut s'agir d'un trait de personnalité, d'une expérience de vie difficile, la crainte d'être déçu·e s'iel se montre optimiste, d'une dépression ou d'une autre condition psychologique.

Faites preuve d'empathie et de compréhension. Écoutez attentivement son point de vue. Essayez de comprendre ses pensées et ses sentiments. Il est important de reconnaître que le pessimisme de votre partenaire n'est pas un choix délibéré et qu'iel peut souffrir de sa vision négative du monde.

Communiquez efficacement en choisissant le bon moment pour parler et en évitant d'aborder le sujet lorsque vous êtes tous les deux stressés ou fatigués. Expliquez à votre partenaire comment son pessimisme vous affecte et ce que vous aimeriez qu'iel change. Évitez les critiques et les reproches. Cela ne fera que mettre votre partenaire sur la défensive et aggraver la situation.

Concentrez-vous sur les solutions plutôt que sur les problèmes.

Travaillez ensemble pour trouver des moyens de gérer le pessimisme de votre partenaire de manière constructive. D'autre part, encouragez le changement chez votre partenaire – s'iel est disposé à changer. Par exemple, félicitez-le·a pour ses efforts positifs, même les plus petits ; aidez-le·a à identifier les schémas de pensée négatifs et à les remplacer par des pensées plus positives. Encouragez-le·a à se concentrer sur les aspects positifs de sa vie. Enfin, suggérez-lui une thérapie si cela semble nécessaire.

Malgré votre empathie, **fixez des limites saines** dans votre relation. Vous n'avez pas à tolérer les comportements négatifs ou blessants de votre partenaire. Faites-lui savoir clairement ce qui est acceptable et ce qui ne l'est pas. Et soyez prêt·e à appliquer des conséquences si votre partenaire ne respecte pas vos limites ; cela peut impliquer de passer du temps séparément ou de demander l'aide d'un professionnel.

Prenez soin de vous, de votre propre bien-être émotionnel et mental. Cela signifie par exemple de passer du temps avec des amis et des membres de votre famille qui vous soutiennent, de faire des activités que vous aimez et de prendre soin de votre santé physique. Ne négligez pas vos propres besoins et sentiments. Si vous vous sentez dépassé·e ou déprimé·e, n'hésitez pas à demander de l'aide à un professionnel.

Il est important de vous rappeler que le changement prend du temps. Ne vous découragez pas si votre partenaire ne se métamorphose pas du jour au lendemain. Soyez patient·e et continuez à le·a soutenir dans ses efforts. Célébrez les progrès, y compris les petits.

Si votre partenaire est une personne égocentrique

Les personnes qui sont excessivement centrées sur elles-mêmes ont habituellement du mal à comprendre les besoins et les perspectives des autres ou bien n'en ont cure. Quand on vit avec ce type de personne, la souffrance provient du fait que ses besoins et ses désirs semblent toujours passer avant les nôtres. Il peut être difficile de se sentir aimé·e et apprécié·e dans une telle relation. Cependant, avec des efforts et une communication stratégique, il est possible de créer une relation plus saine et plus équilibrée.

Il s'agit déjà de bien comprendre l'égocentrisme. Il est un trait de personnalité qui se caractérise par une préoccupation excessive pour soi-même et ses propres besoins. Les personnes égocentriques ont tendance à manquer d'empathie et de compréhension pour les sentiments et les besoins des autres, à se concentrer sur leurs propres problèmes et priorités, à avoir un sentiment de supériorité et de droit, et à exploiter les autres pour obtenir ce qu'elles veulent. L'égocentrisme est souvent un comportement enraciné, ce qui signifie qu'il est profondément ancré dans la personnalité de la personne. Il est donc peu probable que votre partenaire change du jour au lendemain, mais vous pouvez l'aider à prendre conscience de ses comportements et à développer des schémas de pensée et d'action plus sains. Pour cela :

Communiquez efficacement, comme conseillé plus haut pour d'autres personnalités difficiles, en choisissant le bon moment pour parler, en utilisant le « je » pour exprimer vos sentiments. Par exemple, au lieu de dire « Tu ne fais jamais rien pour m'aider », essayez « Je me sens frustré·e quand je n'ai pas l'impression que tu aides aux tâches ménagères » ; écoutez ensuite attentivement son point de vue quand iel répond.

En cas de conflits, **concentrez-vous sur les solutions** plutôt que sur les problèmes.

Là aussi, **fixez des limites saines** en faisant savoir clairement ce qui est acceptable et ce qui ne l'est pas et en appliquant des conséquences si votre partenaire ne respecte pas vos limites. Cela peut impliquer de passer du temps séparément.

Prenez soin de vous, de votre propre bien-être émotionnel et mental, d'autant plus qu'un·e partenaire égocentrique ne le fera pas ou peu pour vous.
Ne négligez pas vos propres besoins et sentiments et accordez-vous du temps pour vous-même, pour vous détendre et vous recharger, loin du stress de votre relation.
Si votre partenaire est disposé à changer, **encouragez-le·a à se concentrer sur les besoins et les sentiments des autres.** Vous pouvez aussi l'aider à développer son empathie en lui demandant de se mettre à la place des autres.

Si votre partenaire est une personne trop critique

Les individus qui critiquent fréquemment les autres peuvent créer un environnement difficile pour le bien-être en couple. La conduite à tenir pour que la relation s'améliore et moins en souffrir est d'essayer de comprendre pourquoi votre partenaire critique autant les autres. Est-ce parce qu'iel est perfectionniste ? Insécure ? Malheureux ? En effet, comprendre la racine de son problème peut vous aider à trouver ensemble des solutions plus efficaces.
Parlez à votre partenaire de son comportement. Exprimez-lui comment ses critiques vous affectent, vous et les autres. Concentrez-vous pour cela sur les faits et sur vos sentiments plutôt que sur les jugements. Par exemple, au lieu de dire « Tu critiques toujours tout le monde », essayez « Je me sens mal à l'aise quand tu critiques constamment mes amis ».
Encouragez votre partenaire à se concentrer sur les aspects positifs des gens et des situations. Félicitez-le lorsqu'il adresse des compliments ou lorsqu'il exprime sa gratitude. Proposez-lui de faire des activités ensemble qui favorisent la positivité et la bienveillance. Cela peut inclure du bénévolat, passer du temps dans la nature ou pratiquer la méditation.
Fixez des limites saines dans votre relation. Vous n'avez pas à tolérer les critiques blessantes ou irrespectueuses.

Enfin, **prenez soin de vous,** ne négligez pas vos besoins et vos sentiments et passez du temps avec vous-même et d'autres personnes.
Si les critiques de votre partenaire causent des problèmes importants dans votre relation, **envisagez une thérapie de couple**. Un psychothérapeute pourra vous aider à comprendre les schémas de communication de votre couple et à développer des stratégies pour gérer les conflits de manière plus constructive.
Ne vous découragez pas si votre partenaire ne change pas du jour au lendemain. Célébrez les progrès, même les petits.

Si votre partenaire est une personne conflictuelle

Avant de faire porter l'origine du conflit à la personnalité de votre partenaire, assurez-vous qu'il ne s'agit pas avant tout d'un problème de couple. Ainsi, une relation déséquilibrée, où l'un des partenaires domine ou est dominé, peut favoriser les conflits. Une mauvaise communication peut aussi conduire à des malentendus et à des frustrations, alimentant ainsi les tensions. Si les besoins fondamentaux de votre partenaire ne sont pas satisfaits (amour, respect, estime de soi), il peut chercher à les faire valoir par le conflit.
Cela établi, il existe des partenaires qui cherchent fréquemment le conflit et qui peuvent rendre les relations trop souvent tendues. Vivre avec un partenaire conflictuel peut être extrêmement éprouvant et usant pour votre moral. Il importe de comprendre que ce type de comportement peut avoir des causes profondes et qu'il ne s'agit pas forcément d'une volonté délibérée de vous blesser.
Certaines personnes ont un besoin profond de contrôler les situations et autrui. Le conflit peut être un moyen de maintenir ce contrôle ou de tester les limites de l'autre. Paradoxalement, certains individus peuvent craindre l'intimité et le rapprochement.

Le conflit peut être un moyen de créer une distance et d'éviter de se montrer vulnérable.
Chercher le conflit peut aussi être une façon de compenser un manque de confiance en soi. En provoquant des disputes, la personne se sent peut-être plus puissante ou en mesure de maîtriser la situation.
Des expériences passées, notamment au sein de la famille, peuvent avoir modelé des schémas relationnels conflictuels et votre partenaire va alors reproduire dans son couple le mode de relation conflictuel existant entre ses parents qui lui ont servi de modèles.
Par ailleurs, certains troubles de la personnalité, comme le trouble de la personnalité narcissique ou borderline, peuvent être associés à une tendance à la conflictualité. Avec un partenaire qui favorise les conflits, voici la conduite à tenir :
Essayez de **comprendre ce qui motive les comportements conflictuels** de votre partenaire. Est-iel anxieux·se ? Insécure ? Souffre-t-iel d'un traumatisme non résolu ? Parfois, les personnes qui recherchent le conflit le font parce qu'elles ont du mal à exprimer leurs émotions de manière saine.
Communiquez calmement et efficacement et exprimez vos ressentis. Utilisez le « je » pour exprimer vos émotions (« Je me sens blessé·e quand tu… ») plutôt que d'accuser l'autre (« Tu me fais toujours souffrir »).
Mais il faut aussi **fixer des limites**. Définissez clairement ce que vous êtes prêt·e à accepter et ce qui est inacceptable.
Optez pour des moments où vous êtes tous les deux calmes et disponibles pour discuter. Lors des échanges, accordez toute votre attention à l'autre, sans l'interrompre et en cherchant à comprendre son point de vue.
Cherchez des solutions ensemble. Essayez de comprendre ce qui déclenche les conflits et de trouver des moyens de les éviter.

Consultez un psychothérapeute de couple. Ce professionnel pourra vous aider à développer des outils de communication efficaces et à résoudre les conflits de manière constructive.
Et bien sûr, **prenez soin de vous** en cultivant vos centres d'intérêt et en entretenant votre réseau social.

Si votre partenaire est une personne dépendante

On a vu que les personnes dépendantes souffrent facilement en amour. Mais vivre avec une personne dépendante est aussi un défi, ce peut même être une source de souffrance. Un·e partenaire dépendant·e émotionnellement peut exercer une pression pénible sur vous pour répondre à ses besoins car ses besoins et ses attentes peuvent prendre le pas sur les vôtres. Il est important de trouver un équilibre entre la compassion et la préservation de votre propre bien-être émotionnel.
La dépendance affective est un comportement caractérisé par un besoin excessif d'approbation, de soutien et d'attention de la part du partenaire. Les personnes dépendantes craignent souvent la solitude et d'être abandonnées. Cette peur peut les amener à adopter des comportements malsains, tels que la manipulation émotionnelle, la jalousie excessive ou la recherche constante de l'approbation. Il est important de comprendre que la dépendance affective n'est pas un choix délibéré, mais plutôt un mécanisme de défense contre un sentiment profond d'insécurité. Voici la conduite à tenir avec un·e partenaire dépendant·e :
Aidez votre partenaire à identifier les signes de sa dépendance affective. Encouragez-le·a à explorer les causes profondes de sa dépendance.
Exprimez votre compréhension de ses besoins émotionnels de manière empathique. La dépendance émotionnelle peut être liée à des expériences de vie difficiles. Faites preuve de compassion et essayez de comprendre les facteurs qui contribuent à sa dépendance.

Là encore, **communiquez efficacement** et ne vous laissez pas vampiriser.

Établissez des limites claires en ce qui concerne votre espace personnel, vos activités individuelles et le niveau d'engagement que vous pouvez fournir. Préservez du temps pour vos propres intérêts, amis et activités. Assurez-vous que votre partenaire respecte ces limites.

Soutenez-le·a pour développer sa propre autonomie et indépendance. Encouragez-le·a à s'impliquer dans des activités qui renforcent sa confiance en soi, à prendre la responsabilité de ses propres émotions et actions, mais évitez de nourrir involontairement sa dépendance en lui cédant sur tout. Promouvez son indépendance et son estime de soi. Encouragez-le·a à développer ses propres intérêts et activités. Félicitez ses efforts d'indépendance et d'affirmation de soi. Aidez-le·a à identifier ses forces et ses qualités.

Enfin, **suggérez une consultation** avec un·e psychothérapeute spécialisé dans les dépendances affectives.

NOUS AVONS ROMPU… ET JE NE M'EN REMETS PAS

Quand on évoque la souffrance en amour, la principale situation qu'on imagine est le chagrin d'amour qui fait suite à une rupture. Ce mal d'aimer est selon les personnes d'intensité diverse, de durée variable et a des conséquences émotionnelles, psychologiques mais aussi physiques plus ou moins importantes. C'est que chaque rupture est ressentie de façon singulière. Nous réagissons différemment selon notre personnalité, notre histoire personnelle, nos liens familiaux, notre passé amoureux, notre entourage social, etc. Mais il existe des points communs dans le tableau clinique des victimes de l'amour, si bien que nous nous retrouvons souvent, du moins en partie, dans le vécu d'autrui.

C'est le cas d'Iris

Dans le cœur d'Iris, 22 ans à peine, un tumulte de sentiments s'entrechoque, tel un orage déchaîné. La rupture avec Léandre a laissé une plaie béante cultivant une douleur sourde et lancinante. L'image de Léandre, autrefois source de joie et de tendresse, hante désormais ses pensées.

Son sourire, ses mots doux, ses gestes affectueux, tous ces souvenirs heureux se transforment en poignards acérés qui lui déchirent le cœur. Un sentiment de vide immense l'envahit, comme si une partie d'elle-même avait été arrachée. Comment est-il possible qu'après deux ans d'une relation si intense, si remplie de promesses, tout se soit effondré en un instant ? Iris se perd dans les méandres de la confusion et de l'incompréhension. Elle rejoue chaque moment, chaque mot, chaque geste, cherchant désespérément un indice qui lui permettrait de comprendre ce qui a mal tourné. Un flot de colère et de ressentiment monte en elle. Comment Léandre a-t-il pu la quitter si facilement ? Ne l'aimait-il donc pas ? Toutes ses paroles tendres et ses gestes affectueux n'étaient-ils que fausseté ?

La trahison de son amour la consume, la poussant à remettre en question sa propre valeur. Elle se sent moche, bête, nulle. Mais au-delà de la colère, du ressentiment et de la mésestime de soi, c'est une tristesse infinie qui submerge Iris. Elle pleure la perte de son amour, la perte d'un avenir qu'elle avait imaginé à ses côtés. Les rêves partagés, les projets communs, tout s'est envolé, laissant place à un sentiment de solitude et d'abandon. L'avenir lui apparaît désormais sombre et incertain. Comment pourra-t-elle vivre sans Léandre ? Comment pourra-t-elle aimer à nouveau ? La peur de l'inconnu la paralyse, la plongeant dans un abîme de doute et d'anxiété. Cependant, au fond de l'âme d'Iris, une petite flamme vacillante refuse de s'éteindre. C'est la lueur d'espoir, la conviction qu'elle saura un jour guérir de ses blessures et retrouver le bonheur. Cette flamme fragile est sa force intérieure, celle qui lui permettra de se relever et de reconstruire sa vie.

UN EFFONDREMENT NEUROBIOLOGIQUE

Cette souffrance est peut-être inversement proportionnelle au bien-être que l'amour procure. En effet, être dans un état amoureux génère un bien-être tant moral que physique.
Loin d'être une simple émotion, **l'amour déclenche une véritable tornade dans notre cerveau, activant pas moins de douze zones distinctes!** Cet embrasement neuronal, analysé notamment par la chercheuse Stéphanie Ortigue et son équipe[1], explique l'euphorie, la motivation et l'attachement que nous ressentons face à l'être aimé. Mais l'amour ne s'arrête pas là! Il influence également notre santé physique et mentale de manière positive. Lorsque nos yeux croisent ceux de l'être aimé, une cascade de réactions chimiques débute dans notre cerveau. La sécrétion des neurotransmetteurs présents dans notre encéphale – dopamine, ocytocine, phényléthylamine et endorphines – se déchaîne, créant un état d'excitation et de bien-être comparable, par exemple, à celui procuré par la cocaïne. Cette symphonie biologique stimule les circuits de la récompense (une boucle particulière de neurones dans le cerveau), nous poussant à rechercher la présence de l'être aimé et renforçant l'attachement. C'est aussi ce qui explique la dépendance amoureuse.
Les bienfaits de l'amour se répercutent également sur notre santé physique. Des études ont montré que les personnes amoureuses ont un système immunitaire plus performant, guérissent plus vite des blessures et sont moins sujettes aux maladies cardiovasculaires[2]. L'explication réside dans la réduction du stress, favorisée par le soutien émotionnel et le senti-

1. S. Ortigue et al., *The Journal of Sexual Medicine*, novembre 2010; 7 (11): 3541-3552.
2. E. Emanuelea et al., *Psychoneuroendocrinology*, avril 2006; 31 (3): 288-294 N.J.Johnson and coll, Ann Epidemiol, 2000 May; 10(4): 224-38.

ment de sécurité procurés par une relation amoureuse saine. De plus, la libération d'hormones comme l'ocytocine et les endorphines et de neuromédiateurs renforce le système immunitaire et diminue la perception de la douleur.
L'amour agit également comme un bouclier contre les soucis du quotidien. Les études démontrent que les personnes en couple ont tendance à se sentir plus heureuses, moins anxieuses et moins déprimées que celles qui sont célibataires[1]. Ce sentiment de bien-être s'explique par la combinaison de plusieurs facteurs : le soutien émotionnel, la réduction du stress et la libération d'hormones bénéfiques pour le mental.

L'amour, loin d'être une simple illusion romantique, est un phénomène complexe aux ramifications scientifiques fascinantes qui influence positivement notre santé physique et mentale de façon indéniable, faisant de lui un véritable allié pour notre bien-être, d'où sa quête qui concerne la plupart d'entre nous.
À l'inverse, **l'éviction de cette sphère amoureuse du fait d'une rupture, déclenche un mal-être affectif, mais aussi physique.**

C'est le cas d'Éléonore

Éléonore, 29 ans, consulte pour la première fois, après une rupture amoureuse. Elle a des troubles importants qui la surprennent par leur intensité. « Je savais que je l'aimais, que j'étais bien avec lui, mais ce n'était pas ma première histoire d'amour. Nous n'habitions pas ensemble et n'avions pas d'enfant. Je ne m'attendais pas à souffrir autant quand il a rompu avec moi. » J'ai observé chez Éléonore une grande tristesse et une sensation de vide. Elle me décrivait une

1. https://mentorshow.com/blog/psychologie-de-l-amour

difficulté à se concentrer sur les activités quotidiennes comme au travail.
Son sommeil était très perturbé ; elle avait du mal à s'endormir et faisait, une nuit sur deux, des cauchemars. Elle n'avait de cesse de penser à son ex malgré sa volonté de se détacher de lui. À cela s'ajoutaient des maux de tête, des nausées et une fatigue présente dès le matin.

En cas de rupture, la stimulation générale qui donne de l'allant tant à notre corps qu'à notre esprit, qui nous met en grande forme physique et morale, qui fait dire que « l'amour donne des ailes » – jusqu'au septième ciel parfois — s'interrompt brutalement et l'on « tombe de haut ». Tout se passe comme si on débranchait un certain nombre de circuits électriques fournisseurs d'énergie à la centrale que serait notre organisme. L'ensemble des sécrétions de neuromédiateurs cités plus haut s'arrête, générant un état de manque et de possibles problèmes de santé physique et psychologique. Tomber malade après une rupture amoureuse est fréquent et n'a donc pas de quoi nous surprendre.

Sur le plan biologique, le cerveau subit des modifications qui contribuent aux sentiments douloureux et à une détresse émotionnelle. Pour les amateurs de neurosciences, nous savons que deux régions du cerveau sont particulièrement concernées : le cortex préfrontal dorsolatéral (DLPFC) et le cortex préfrontal ventrolatéral (VLPFC). Ce sont les zones impliquées dans la régulation volontaire des émotions. Ainsi, parmi les divers changements, on assiste à une :

- **Diminution des niveaux de dopamine**. La dopamine est une hormone liée au plaisir et à la récompense qui est libérée en grande quantité lorsque nous sommes amoureux. Lors d'une rupture amoureuse, les niveaux de dopamine diminuent, ce qui peut entraîner des sentiments de tristesse,

voire de dépression et surtout de perte d'intérêt pour les activités que nous aimons.
En tout domaine, nous perdons toute motivation.

- **Augmentation des niveaux de cortisol.** Le cortisol est une hormone du stress qui est souvent libérée en réponse à des situations difficiles ou traumatisantes. Lors d'une rupture amoureuse, les niveaux de cortisol peuvent augmenter, ce qui peut causer de l'anxiété et de l'insomnie et, sur du long terme, des maladies inflammatoires et une prise de poids au niveau de l'abdomen et du haut du dos.
- **Activation du système de la récompense.** Le système de la récompense du cerveau est activé lorsque nous sommes amoureux, mais il peut également être activé lorsque nous ressentons de la douleur ou de la tristesse. Cela peut expliquer pourquoi certaines personnes continuent à penser à leur ex-partenaire et à ressentir des émotions intenses longtemps après une rupture
- **Diminution de la sérotonine.** La sérotonine est une hormone liée au bien-être émotionnel et à la régulation de l'humeur. Lors d'une rupture amoureuse, les niveaux de sérotonine peuvent diminuer, ce qui induit des symptômes de dépression et d'anxiété.

Consulter un médecin après une rupture amoureuse a donc du sens car cette dernière a des conséquences sur la santé, à la fois physiques et psychologiques.

DES CONSÉQUENCES PSYCHOLOGIQUES, MAIS AUSSI AFFECTIVES, COGNITIVES ET PHYSIQUES

Les effets psychologiques

- **La tristesse** est l'émotion la plus commune après une rupture. Elle peut s'accompagner de pleurs, de chagrin, de solitude et de désespoir.

- **La colère** peut être dirigée contre l'ex-partenaire, soi-même ou le monde en général. Elle peut se manifester par de l'agressivité, de l'irritabilité ou des ruminations.
- **L'anxiété** peut se traduire par des sentiments de nervosité, d'inquiétude et de peur de l'avenir. Elle peut aussi entraîner des troubles du sommeil, des difficultés de concentration et des symptômes physiques tels que des palpitations cardiaques ou des tremblements.
- Dans certains cas, une rupture amoureuse peut mener au-delà d'une simple tristesse jusqu'à **la dépression**. Les symptômes de la dépression incluent une tristesse persistante, une perte d'intérêt pour les activités autrefois vécues comme agréables, des changements d'appétit et de sommeil, de la fatigue et des pensées suicidaires.
- Une rupture amoureuse peut également fragiliser **l'estime de soi**. La victime peut se sentir rejetée, mal aimée et sans valeur.

Les effets affectifs

- **Le chagrin** est un sentiment de tristesse intense et de douleur émotionnelle qui accompagne la perte d'un être aimé. Il peut s'exprimer par des pleurs, des sanglots et une sensation de vide.
- La victime peut ressentir **un manque**, un vide immense en l'absence de son ex-partenaire. Elle peut avoir l'impression de lui manquer et de ne plus jamais pouvoir être heureuse.
- La victime peut **idéaliser** son ex-partenaire et minimiser ses défauts. Elle peut avoir du mal à se souvenir des aspects négatifs de la relation et se focaliser uniquement sur les bons moments.
- La victime peut être **hantée** par des souvenirs de son ex-partenaire. Elle peut avoir du mal à se passer de luiel et à aller de l'avant.

Les effets cognitifs

- La victime peut avoir **du mal à se concentrer** sur ses tâches quotidiennes. Elle peut avoir l'esprit ailleurs et ruminer constamment sa rupture. Comme les autres effets cognitifs, ces difficultés de concentration et d'attention peuvent avoir des conséquences sur ses performances au travail.
- La victime peut rencontrer **des troubles de la mémoire**, des difficultés à se souvenir de certaines choses, comme des événements récents ou des informations importantes. Ces troubles sont aggravés par les problèmes de sommeil.
- La victime peut être envahie par **des pensées intrusives** sur son ex-partenaire ou sur la rupture. Ces pensées peuvent être difficiles à contrôler et engendrer beaucoup de détresse.

Les symptômes physiques

- La rupture peut entraîner **une fatigue intense** et une sensation de manque d'énergie. Cela est dû au stress émotionnel important que la victime subit et aux problèmes de sommeil.
- La victime peut avoir **du mal à s'endormir ou à rester endormie**. Elle peut également se réveiller fréquemment pendant la nuit.
- La victime peut perdre l'appétit ou, au contraire, se mettre à manger plus qu'elle ne le devrait. Ces **changements d'appétit** peuvent entraîner une perte ou un gain de poids.
- La victime peut ressentir **des douleurs physiques**, telles que des maux de tête, des maux de ventre ou des douleurs musculaires. Ces douleurs sont dues au stress émotionnel, à la baisse du taux d'endorphine et à la libération de cortisol, une hormone du stress.
- Le stress émotionnel d'une rupture peut **affaiblir le système immunitaire** de la victime, la rendant plus susceptible d'attraper des infections de toutes sortes ou d'autres maladies.

- La victime peut adopter **des comportements à risque** pour faire face à sa douleur ou lutter contre le vécu dépressif : consommation excessive d'alcool ou de drogues, conduite dangereuse...
- **Troubles psychosomatiques** : eczéma, vertiges, maux de dents, douleurs physiques abdominales ou dorsales.
- Le stress émotionnel d'une rupture peut entraîner **des troubles gastro-intestinaux** tels que des ulcères (en favorisant des infections à Helicobacter pylori par modification de l'immunité), des colites ou des diarrhées.
- **Douleurs articulaires**, contractures musculaires sont également possibles.
- Dans certains cas plus graves, une rupture amoureuse peut provoquer **le syndrome du cœur brisé.** Cette condition, également connue sous le nom de cardiomyopathie de stress, peut provoquer des symptômes cardiaques tels que des douleurs thoraciques, un essoufflement et des palpitations. Elle est généralement temporaire, mais peut être grave dans certains cas, voire conduire à la mort si elle n'est pas prise en charge.

Une issue malheureusement parfois mortelle

La rupture amoureuse peut être, hélas ! mortelle. Les suicides provoqués par une rupture touchent tous les âges, mais chez les jeunes adultes, ils sont une cause importante de mortalité. Le suicide peut être impulsif, après une rupture vécue comme un traumatisme ou bien faire suite à l'installation progressive d'une dépression majeure avec des idées noires.

Dans d'autres cas, de nombreux équivalents suicidaires possibles peuvent conduire à la mort.

Ainsi peut-on observer chez la victime d'une rupture amoureuse **des conduites d'automutilation**. Se blesser soi-même (se couper, brûler, etc.) sans intention immédiate de mourir est comme moyen de soulager une souffrance émotionnelle intense.

Il peut s'agir aussi d'accidents qu'on peut interpréter comme des actes manqués, moments d'inattention occasionnant des accidents de la voie publique ou des chutes. On observe également des consommations excessives de substances : abus d'alcool, de drogues ou d'autres substances pour étouffer ses émotions ou fuir la réalité. Mais aussi des conduites à risque : pratiques sexuelles non protégées, conduite dangereuse, prises de décision impulsives et dangereuses. Ou encore une négligence de soi chronique : la personne ne prend pas soin de sa santé physique ou mentale, néglige son hygiène, son alimentation ou son sommeil.

> ***L'éclairage littéraire***
> La littérature de toutes les époques aborde cette thématique du suicide dû à un chagrin d'amour.
> ***Roméo et Juliette***, personnages de la pièce de William Shakespeare, sont deux jeunes amants qui appartiennent à des familles ennemies. Leur amour est interdit, mais ils décident de se marier en secret. Cependant, leur histoire d'amour tragique se termine par leur mort, après que Roméo croit, à tort, que Juliette est morte et se suicide à côté d'elle, avant que Juliette ne se réveille et se suicide à son tour.
> Citons aussi l'histoire de **Madame Butterfly**, tirée de l'opéra italien de Giacomo Puccini[1] présenté en 1904. Butterfly est une geisha de 15 ans dont s'éprend un officier de marine américain en poste au Japon. Ils s'épousent rapidement. Butterfly, ivre de bonheur, renonce pour cela à sa religion et à sa famille qui la renie pour avoir épousé un étranger. Peu après, l'officier repart aux États-Unis, promettant de revenir au printemps, « quand les rossignols refont leur nid ».

1. Sur un livret de Luigi Illica et Giuseppe Giacosa.

Trois ans plus tard, sans nouvelle de lui et sans le sou, Butterfly, que la loi japonaise autorise à se remarier alors qu'un riche prétendant japonais lui demande sa main, espère toujours son retour. Apprenant qu'il a eu un enfant d'elle, né en son absence et âgé de trois ans, l'officier revient, mais avec sa nouvelle épouse américaine avec laquelle il a « refait son nid ». Butterfly lui confie l'enfant avant de se suicider par désespoir.
Impossible de ne pas évoquer ***Les Souffrances du jeune Werther*** de Johann Wolfgang von Goethe. Werther est un jeune homme sensible qui tombe amoureux de Charlotte, une femme déjà fiancée à un autre homme. Werther, incapable de se libérer de son amour pour Charlotte même après avoir été rejeté, se suicide.

Testez votre degré d'état dépressif

Assurons-nous que vous ne présentez pas un état dépressif majeur avec un éventuel risque suicidaire qui justifierait que vous consultiez un médecin. Voici un test qui peut vous aider à savoir si vous l'êtes. Ce test, appelé MINI (Mini International Neuropsychiatric Interview), permet d'évaluer si vous êtes dans une phase dépressive. Si c'est le cas, consultez un médecin sans attendre.

Si vous avez répondu au moins 3 fois « oui » (ou 4 si à la question 1 ou 2, vous avez répondu « non »), il est possible que vous présentiez un état dépressif majeur.

1. Vous vous sentez triste, cafardeux·se ou déprimé·e une bonne partie de la journée, et ce presque tous les jours ?	**oui**	**non**
2. Vous avez presque tout le temps le sentiment de n'avoir goût à rien, d'avoir perdu l'intérêt ou le plaisir pour les choses qui vous plaisent habituellement ?	**oui**	**non**
3. Votre appétit a-t-il notablement changé, avez-vous pris ou perdu du poids sans en avoir l'intention ?	**oui**	**non**
4. Avez-vous des troubles du sommeil (endormissement difficile, réveil au milieu de la nuit ou très tôt le matin, difficulté à se lever) presque toutes les nuits ?	**oui**	**non**
5. Parlez-vous ou vous déplacez-vous plus lentement que l'habitude, ou au contraire, vous sentez-vous agité·e et avez-vous du mal à rester en place ?	**oui**	**non**
6. Vous sentez-vous presque tout le temps fatigué·e, sans énergie ?	**oui**	**non**
7. Manquez-vous de confiance en vous-même, ou vous sentez-vous sans valeur, voire inférieur·e aux autres ?	**oui**	**non**
8. Vous êtes-vous fait des reproches ou vous êtes-vous senti·e coupable ?	**oui**	**non**
9. Avez-vous du mal à vous concentrer ou à prendre des décisions ?	**oui**	**non**
10. Avez-vous eu à plusieurs reprises des idées noires, comme penser qu'il vaudrait mieux que vous soyez mort·e, ou avez-vous pensé à vous faire du mal ?	**oui**	**non**

GUÉRIR D'UN CHAGRIN D'AMOUR

Le chagrin d'amour, bien qu'il soit une expérience universellement douloureuse, est un processus biologique et psychologique naturel. Une rupture amoureuse peut agir sur notre cerveau, on l'a vu, comme un véritable traumatisme psychique : détresse émotionnelle, anxiété, insomnies, cauchemars, sautes d'humeur, pensées obsessionnelles voire suicidaires, sentiments d'insécurité, d'impuissance et de culpabilité, troubles physiques…

Les neurosciences affectives ont mis en lumière les mécanismes cérébraux complexes qui sous-tendent cette émotion intense. Tout comme une blessure physique se répare avec le temps, le cerveau possède des mécanismes innés pour atténuer la souffrance émotionnelle. Ce chapitre explorera les dernières découvertes scientifiques sur le fonctionnement du cerveau en période de deuil amoureux et vous proposera des stratégies concrètes pour favoriser une guérison accélérée et durable.

FAITES LE DEUIL DE VOTRE RELATION

Quelle que soit la raison ou la durée de la relation, une rupture amoureuse est avant tout vécue comme une perte immense. Elle entraîne un véritable bouleversement émotionnel et peut être comparée à un deuil. Comme dans le deuil, il y a la perte d'un attachement. Tout comme la perte d'un proche, la rupture implique notamment la perte d'un lien affectif profond, d'un projet de vie commun et d'une certaine sécurité émotionnelle. Tout notre être est atteint, parfois même notre identité (d'ailleurs, chez des personnes très fragiles, une rupture peut entraîner une perte de contact avec la réalité, qu'elle soit transitoire ou durable). En effet, la relation amoureuse fait partie intégrante de notre identité, dans le sens où l'on est quelqu'un de différent selon qu'on en couple ou seul.
La rupture nous oblige à nous redéfinir et à reconstruire notre vie sans l'autre. Dans les deux cas, rupture ou deuil, la douleur émotionnelle est intense et s'associe à des sentiments tels que la tristesse, la colère, la culpabilité, un sentiment de vide, etc. Et enfin mais surtout, **l'évolution psychologique et affective du deuil et de la rupture amoureuse suit un processus analogue.**

Les différents stades du deuil amoureux

Bien que chaque personne vive le deuil et la rupture à sa manière et à son rythme, il existe des stades communs qui peuvent aider à mieux comprendre ce processus. Voici ces différents stades comme autant d'étapes vers la guérison si l'évolution suit un cours sans blocage.

- Le premier des stades est **le déni**. On refuse d'admettre la réalité de la rupture, on pense que c'est un malentendu, une situation transitoire et que la réconciliation ne va pas tarder.

- **Le second stade est la colère.** Quand la situation se prolonge et qu'on prend conscience que la rupture est avérée, on ressent de la colère envers l'autre, envers soi-même, envers l'entourage qu'on juge responsable ou envers la vie en général.
- **Plus tard, c'est le temps de la négociation.** On cherche des explications et donc des solutions pour sauver la relation, même si cela semble illusoire. On est prêt à changer, on propose des compromis, on fait son mea culpa. On rationalise.
- **Puis vient la phase habituellement la plus longue, qui est la dépression.** On se sent triste, déprimé et incapable de voir l'avenir avec optimisme. On souffre d'atteintes physiques : fatigue, insomnie, troubles alimentaires (perte d'appétit ou hyperphagie), douleurs... On perd le plaisir à tout ce qui nous intéressait jusqu'alors et parfois jusqu'au goût de vivre. Le risque de suicide est plus élevé dans cette phase. Certaines personnes au profil de personnalité paranoïaque, plutôt que se suicider, peuvent avoir des pulsions de meurtres.
- **Enfin, vient l'acceptation. Quand le processus de cicatrisation va jusqu'au bout, on finit par accepter** la fin de la relation. On inscrit cette histoire avec son début, son milieu et sa fin dans l'histoire de notre vie, mais on n'en fait pas le résumé de notre vie. On n'est plus tout à fait le même ou la même, on a un peu changé comme après tout deuil, on a gagné en maturité, mais on a retrouvé son énergie vitale. On envisage d'autres histoires possibles et on sent qu'on peut aimer et être aimé à nouveau. On commence à reconstruire sa vie.

Il est important de noter que ces cinq stades ne sont pas linéaires et qu'une personne peut revenir en arrière ou vivre plusieurs stades en même temps. Pour guérir, toutefois, il faut passer par ces différents stades.

Le risque, qui n'est, hélas ! pas rare, est de rester coincé pour longtemps dans un de ces stades… Quand ce processus est interrompu et s'embourbe dans une phase, on parle en psychiatrie de « deuil pathologique ». Par exemple, on peut devenir quelqu'un en colère et aigri sur du long terme, refusant tout engagement amoureux. On peut aussi, ce qui plus fréquent, rester enfermé dans une dépression plus ou moins abâtardie par des médicaments, des toxiques (alcool, cannabis et autres drogues), se surinvestir dans des domaines comme le sport ou le travail, avec des symptômes psychologiques et physiques, rendant la dépression chronique.

Pour mieux comprendre, on peut faire un parallèle avec une fracture de l'os principal d'un membre inférieur non plâtré qui finit par se ressouder, mais en étant tordu ou avec des cals osseux entraînant une boiterie permanente et des douleurs à la marche.

Testez votre stade de deuil amoureux

Avant de débuter la manière dont vous pouvez engager un processus de guérison, voici un mini-test psychologique conçu pour vous aider à évaluer dans quel stade du deuil amoureux vous vous trouvez. Il est important de noter que ce test n'est qu'un outil indicatif.

Répondez aux questions suivantes en choisissant la réponse qui vous correspond le mieux :

1. Depuis combien de temps avez-vous rompu avec votre partenaire ?

A. Moins d'un mois
B. Entre un et trois mois
C. Entre trois et six mois
D. Plus de six mois

2. Quelle est l'émotion dominante que vous ressentez depuis la rupture ?

A. Choc et incrédulité
B. Colère et ressentiment
C. Tristesse et désespoir
D. Acceptation et détachement

3. Pensez-vous encore souvent à votre ex-partenaire ?

A. Constamment
B. Fréquemment
C. Parfois
D. Rarement

4. Avez-vous envie de recontacter votre ex-partenaire ?

A. Oui, tout le temps

B. Parfois

C. Rarement

D. Jamais

5. Comment vous sentez-vous par rapport à l'avenir ?

A. Perdu·e et sans espoir

B. Incertain·e et anxieux·se

C. J'ai l'espoir d'aller mieux

D. Je suis prêt·e à passer à autre chose

INTERPRÉTATION DES RÉSULTATS :

- ☐ Vous avez une majorité de réponses A : Vous êtes probablement dans la phase de choc et de déni du deuil. Il est important de vous accorder du temps pour pleurer votre perte et accepter la réalité de la situation.
- ☐ Vous avez une majorité de réponses B : Vous êtes probablement dans la phase de colère et de révolte. Il est important d'exprimer vos émotions de manière saine et de ne pas les refouler.
- ☐ Vous avez une majorité de réponses C : Vous êtes probablement dans la phase de tristesse et de douleur. Il est important de vous permettre de ressentir vos émotions et de demander du soutien à vos proches.
- ☐ Vous avez une majorité de réponses D : Vous êtes probablement dans la phase d'acceptation et de détachement. Vous commencez à guérir de votre chagrin et à aller de l'avant.

Voyons maintenant comment vous prendre en main.

ACCORDEZ-VOUS DU TEMPS ET DU REPOS

Pour guérir d'un chagrin d'amour, il faut prendre son temps. C'est sans doute ce qui est le plus difficile à accepter tant nous espérons un soulagement immédiat, et tant notre entourage nous pousse à aller mieux rapidement. Il est d'ailleurs notable que la société actuelle n'a jamais aussi peu toléré le deuil amoureux – comme les autres deuils d'ailleurs. Elle prône la résilience comme un devoir et porter des habits de deuil comme afficher son chagrin d'amour est devenu très inconvenant.

> **C'est le cas d'Agathe**
> Quand, après quatre mois de séparation, je pleurais encore l'homme que j'aimais, je voyais comme un reproche dans le regard de mon entourage qui m'avait pourtant bien soutenue les premières semaines. Mes amies n'exprimaient plus de réelle compassion et m'invitaient à ne pas me laisser aller. « Va voir un psy », me disaient-elles, comme pour ne pas avoir à m'écouter me lamenter. Alors, pour qu'on accepte de continuer à me voir, pour ne pas être mise de côté, j'ai dû afficher un sourire de façade, arrêter de pleurer en public et maquiller mon chagrin de fausse bonne humeur.

Pourtant, on ne guérit spontanément pas plus vite d'un chagrin d'amour aujourd'hui qu'autrefois. C'est comme une plaie profonde ou une fracture osseuse qui doit cicatriser convenablement si on veut pouvoir retrouver son allant, son fonctionnement cognitif, affectif et physique d'auparavant. Or dans ce domaine comme en orthopédie, la cicatrisation nécessite du repos et de la décompression.

Ne cherchez pas à guérir en attisant la souffrance. Ralentir et vous surcharger de travail pour fuir la douleur ne fera que prolonger votre état. Cela vous empêchera d'exprimer vos émotions et d'évacuer la peine.

La fatigue s'ajoutera alors à votre chagrin, fragilisant davantage votre bien-être et retardant votre guérison.
Le deuil amoureux n'est pas une perte de temps. Il est important de vous accorder du temps pour guérir, même si la société valorise la productivité, la rentabilité et l'action permanente. Même si l'entourage amical, familial et professionnel ne prend pas toujours la mesure de la douleur d'une rupture amoureuse et le temps nécessaire pour s'en remettre. N'oubliez pas que chacun vit le chagrin à son rythme.

Si vous avez des enfants, expliquez-leur la situation. Dites-leur que vous avez besoin de temps pour vous reconstruire et que vous serez moins présent·e qu'habituellement pendant une période. Rassurez-les en expliquant que votre état est temporaire et que vous redeviendrez le parent aimant et disponible qu'ils connaissent. Leur expliquer la situation les aidera à comprendre vos émotions et à ne pas se sentir responsables de votre tristesse. Ne vous sentez pas coupable en face d'eux d'être triste. Ils apprendront, grâce à vous, qu'il est normal de l'être après une rupture, comme ils comprendront plus tard – ce qui les rassurera s'ils se trouvent un jour dans la même situation – qu'on peut s'en remettre. Si besoin, favorisez leur autonomie et confiez-les ponctuellement à vos proches. Cela vous permettra de prendre du temps pour vous et de vous consacrer à votre guérison.

Ne cédez pas à la pression de « passer à autre chose » rapidement. Nier le chagrin n'est pas la solution. Prenez le temps de vivre vos émotions, de vous reposer et de prendre soin de vous. Accordez-vous la pause dont vous avez besoin. Priorisez votre bien-être. Le chagrin d'amour est une épreuve difficile, mais il est possible de le surmonter. En prenant soin de vous et en vous accordant du temps, vous guérirez progressivement et retrouverez votre force intérieure.

LAISSEZ VOTRE CHAGRIN VIVRE SA VIE

Le chagrin d'amour est une vague puissante qui nous submerge, nous emportant dans les abysses de la tristesse et du désespoir. Se laisser aller à ce flot d'émotions n'est pas une faiblesse, mais une étape nécessaire pour guérir. C'est en plongeant au cœur de la douleur que vous pourrez entamer le processus de reconstruction. Alors plongez dans les profondeurs de votre chagrin. Ne luttez pas contre la vague et laissez-la vous porter. Pleurez, criez, exprimez votre rage ou votre désespoir. Explorez les recoins de votre souffrance, comprenez sa source, identifiez les blessures qu'elle a réveillées en vous comme des douleurs de l'enfance. C'est en acceptant pleinement votre douleur que vous pourrez commencer à la transcender. Acceptez la souffrance amoureuse comme un compagnon de route. La tristesse, la fatigue, le pessimisme… Toutes ces émotions envahissantes ne sont pas vos ennemies, mais les témoins de votre chagrin. Accueillez-les sans jugement, laissez-les se confier. N'oubliez pas que la guérison d'un chagrin d'amour peut prendre du temps ; accordez-vous la patience et la compassion dont vous avez besoin.

Soyez conscient·e des pièges du déni du chagrin. Nier la douleur et faire comme si de rien n'était peut sembler tentant sur le moment. On souffre moins dans l'immédiat. Mais ce déni, s'il se prolonge, ne fera que retarder la guérison et aggraver votre souffrance à long terme. Acceptez, progressivement si besoin, la réalité, aussi douloureuse soit-elle, pour pouvoir entamer le processus de reconstruction.

N'oubliez pas, l'amour n'a pas échoué. Vous n'avez pas échoué. Même si la relation a pris fin, l'amour que vous avez partagé n'en était pas moins réel et précieux. Gardez en mémoire les moments heureux, les leçons apprises, les qualités de l'autre qui vous ont touché·e.

Célébrez l'amour que vous avez donné et reçu, sans culpabilité ni regret. Et si vous vous persuadez que l'autre ne vous a pas aimé·e à la mesure de votre amour pour lui ou elle, dites-vous que votre amour était sincère, qu'il a bel et bien existé, que vous avez été capable d'aimer pleinement et que vous pouvez être fier·ère de cela, comme un artiste le serait de sa création.
Le chagrin d'amour est une expérience individuelle, chaque personne le vit à sa manière. Ne vous comparez pas aux autres, respectez votre propre rythme de guérison.
Accordez-vous la douceur et la compréhension dont vous avez besoin pour traverser cette épreuve. Souvenez-vous : vous avez déjà été fort.e en d'autres occasions du passé. Vous avez certainement traversé des moments difficiles auparavant en différents domaines, vous avez surmonté des épreuves. Même si aujourd'hui, vous vous sentez abattu, il y a des réserves de force en vous pour surmonter ce chagrin et en sortir grandi·e qui n'attendent qu'à être mobilisées une fois achevée la période de convalescence. Faites confiance à vos ressources intérieures pour guérir et avancer vers un avenir plus lumineux.

NE LAISSEZ PAS LE DÉNI PRENDRE TROP SES AISES EN VOUS

Le déni est un mécanisme psychologique par lequel le sujet refuse de constater, de considérer, de voir l'évidence. Ce mécanisme de défense porte sur le réel, plus exactement sur le réel d'une perception. Il peut se résumer à ceci : le refus de la réalité d'une perception perçue comme menaçante ou traumatisante.

C'est le cas de Julie

J'ai reçu Julie, une femme de 27 ans, accompagnée par sa mère, inquiète pour elle. « C'était une femme solaire », me dit sa mère.

> « Mais elle a perdu pied quand Antoine, son amour de jeunesse, a mis fin à leur relation et est parti s'installer à l'étranger, sans laisser d'adresse. Incapable d'accepter cette réalité cruelle, Julie s'est alors réfugiée dans un déni tenace. Elle a continué à préparer les repas préférés d'Antoine, à laisser une place à côté d'elle sur le canapé, comme si leur vie commune n'avait pas basculé. Elle refusait de répondre aux appels et aux messages de ses amis, préférant se perdre dans les souvenirs heureux. Elle envoyait des messages sur le numéro d'Antoine qui n'était pourtant plus valide car elle n'avait pas son nouveau numéro. Les jours passaient, mais Julie restait figée dans le passé. Elle se promenait sur leurs lieux de rendez-vous habituels, espérant le croiser par hasard. Elle se surprenait à chercher son regard dans la foule, à écouter chaque son qui lui semblait familier, persuadée qu'il pouvait à tout moment se retrouver près d'elle ».

La tentation est grande de nier la rupture, de se persuader qu'il s'agit d'une passade, d'un malentendu, que l'être aimé reviendra. Mais, on l'a dit, cette fuite en avant ne fait que retarder l'inévitable : la confrontation à la douleur. Se voiler la face, minimiser la situation – des comportements certes utiles au début pour amortir le traumatisme – ne sont qu'illusions préjudiciables si ces comportements s'inscrivent dans la durée, car ils empêchent d'entamer le processus de guérison.

Refuser la souffrance est une fausse solution. Certains cherchent à anesthésier leur peine en s'empêchant de ressentir. Ils coupent les liens, brûlent les souvenirs, s'interdisent de penser à l'autre. Parfois, ils ou elles s'aident en consommant des toxiques comme l'alcool ou des stupéfiants qui effacent transitoirement l'angoisse et le souvenir. Mais cette stratégie de l'évitement ne fait que refouler la douleur, la rendant plus sournoise et destructrice.

En rejetant une partie de vous-même, en l'occurrence la partie blessée, vous vous privez de la possibilité de guérir.
Accepter la réalité est le premier pas vers la guérison. Aussi difficile que cela puisse paraître, acceptez la rupture, c'est la première étape indispensable pour avancer. Cela signifie reconnaître la fin de la relation, nommer votre chagrin, votre désarroi, votre honte ou votre colère, et vous accorder le droit de souffrir. Loin d'être une faiblesse, assumer sa peine est un acte de courage qui vous permettra de commencer à vous reconstruire. Prenez le temps de comprendre votre chagrin. Explorez ses différentes facettes : la tristesse, la colère, la peur, la solitude, le sentiment d'abandon, le sentiment de trahison, voire d'humiliation ou d'autres encore. Identifiez les blessures qu'il réveille, les parts de vous, passées ou présentes, qu'il touche. Ce voyage introspectif, aussi douloureux soit-il, vous permettra de mieux cerner vos besoins et d'entamer un processus de guérison profonde. La guérison n'est pas un processus linéaire, il y aura des jours meilleurs et des jours pires. Accordez-vous la patience et la compassion dont vous avez besoin. L'important est de ne pas vous arrêter en chemin, de continuer à avancer, pas à pas, vers le mieux-être. **La route est parfois longue, mais il n'y en a pas d'autre et au bout de celle-ci vous serez soulagé·e.**

VOUS VOUS ENNUYEZ? C'EST UNE OPPORTUNITÉ POUR VOUS RECONSTRUIRE!

Une rupture amoureuse est un bouleversement émotionnel majeur. La personne aimée n'est plus là, et avec elle disparaît une partie de votre routine, de vos repères et de votre joie de vivre. La lassitude morale, l'impression de vide peut être abyssale et engendrer de la mélancolie. Un sentiment d'ennui profond peut alors s'installer, envahissant vos journées et vos soirées.

Cet état émotionnel qu'on évoque rarement à l'occasion des ruptures – on insiste essentiellement sur la tristesse et la colère – est pourtant fréquemment présent. Il est difficile à comprendre par l'entourage et est particulièrement pénible à vivre par l'intéressé·e. Il rend le quotidien dépourvu d'intérêt, monotone.

En 1751, dans *L'Encyclopédie* de Diderot et d'Alembert, il est défini comme une « espèce de déplaisir qu'on ne saurait définir : ce n'est ni chagrin, ni tristesse ; c'est une privation de tout plaisir ». Cet ennui est souvent teinté de nostalgie, comme un rappel incessant du passé idéalisé. Vous repensez aux moments partagés, aux promenades, aux soirées, aux voyages, aux petits moments de complicité avec l'être aimé. Ces souvenirs, autrefois source de bonheur, deviennent des pincements au cœur, accentuant la douleur de la séparation. L'ennui est associé au sentiment saumâtre du manque. Il peut être un ennui moins riche en visualisations mentales et plus apathique. Il est alors affilié à une forme d'indifférence à la vie. Parfois, l'ennui se montre plus réactif. Il y a alors une forme de lutte intérieure avec la volonté de sortir de cette situation d'ennui, considérée comme très déplaisante. On va rechercher activement une activité à accomplir de façon assez désespérée et habituellement vaine.

Le sentiment d'ennui peut aussi aller jusqu'à l'ennui de soi. Il remet alors en question jusqu'au sentiment de notre propre identité. Vous vous sentez démuni, sans repères, et vous perdez le goût des choses que vous aimiez auparavant. L'absence de votre partenaire vous confronte à un vide existentiel, à un sentiment d'inutilité qui renforce l'ennui. On « s'ennuie à mourir » et cela peut d'ailleurs conduire à un laisser-aller suicidaire. La littérature fourmille d'illustrations de ce type de mal-être, comme dans le roman médiéval *Tristan et Iseult*.

Tristan, se croyant abandonné par celle qu'il aime, se laisse mourir. Iseult, apprenant la mort de Tristan, se laisse mourir dans ses bras.

Pourtant, cet ennui, aussi pénible soit-il, peut être mis à profit. Il peut devenir un espace de transformation, une occasion de vous réinventer. Libéré des schémas comportementaux liés à votre relation amoureuse, vous êtes libre d'explorer de nouvelles pistes, de vous lancer dans des projets que vous n'osiez pas entreprendre auparavant. En effet, cette période d'ennui peut vous amener à vous recentrer sur vous-même, à vos besoins et à vos aspirations. **C'est l'opportunité de faire le point sur votre vie, de vous questionner sur vos valeurs, vos rêves et vos envies profondes, une chance de vous conduire à vous transformer.**

L'ennui peut aussi être assujetti à une angoisse profonde, à une peur de la mort ou de la solitude. La rupture, comme un deuil ou, à une échelle moindre, comme un déménagement, nous confronte à la finitude des choses et peut réveiller cette angoisse existentielle.

L'ennui post-rupture peut s'inscrire dans un processus normal de deuil. Il vous permet de digérer la perte, d'accepter la fin de la relation et de commencer à cicatriser vos blessures émotionnelles. L'ennui n'est certes pas une expérience agréable, mais il peut être un moteur de changement positif. Il vous pousse à sortir de votre zone de confort, à vous questionner et à vous reconstruire. En acceptant cet ennui et en l'utilisant à bon escient, vous pourrez progressivement retrouver le goût de vivre et avancer vers un avenir plus serein.

VOUS ÊTES EN COLÈRE? VOUS POUVEZ LA RÉGENTER ET VOUS EN DÉTOURNER!

Après une rupture, la colère est une émotion naturelle et souvent intense. C'est un cri de douleur face à la perte, à l'abandon et au bouleversement de vos repères. C'est un moyen de vous sentir tonique, actif·ve quand vous vous sentez menacé·e par l'apathie, le sentiment de dissolution. Quand la colère s'inscrit dans la durée (certain·es continuent d'être en colère contre leur ex des années après leur séparation), elle est un processus affectif qui permet de conserver l'énergie vitale du sentiment amoureux en la déplaçant sur un sentiment de colère. Ne pouvant plus aimer, on se met à haïr.

La colère peut s'exprimer de diverses manières : rage, frustration, ressentiment, désir de vengeance… La colère devient malsaine quand elle vous pousse à être agressif·ve et violent·e, à préparer une vengeance contre votre ex ou ceux que vous sentez, à tort ou à raison, responsables de la rupture. Elle est malsaine si vous passez votre colère sur des « innocents » – une autre personne ou un animal – ou quand vous tentez de monter les autres contre votre ex.

La conduite à tenir est d'accueillir cette colère et de la reconnaître sans culpabilité, mais sans se laisser gouverner par elle. Faites part de votre indignation, de votre frustration, de votre énervement d'une façon saine, sans violence, en exprimant vos sentiments.

Si la colère est saine à court terme, s'y enfermer à long terme peut s'avérer destructeur. Ruminations, pensées négatives, agressivité envers soi-même ou les autres, avec son cortège de branle-bas mentaux et affectifs, la colère peut nous ronger et nous empêcher d'avancer. Cette dépense d'énergie mentale se fait aux dépens d'autres dispositions mentales plus utiles.

Pour vous en libérer, il est important de comprendre la source de votre colère. Souvent, elle masque d'autres blessures plus profondes : sentiment d'abandon, peur de la solitude, manque d'estime de soi… Identifier ces blessures permet de les traiter et de s'en guérir. Heureusement, il existe des moyens sains d'exprimer votre colère :

- **Écrire un journal.** Mettre ses mots sur papier permet de clarifier ses pensées et de libérer ses émotions sans éclats.
- **En parler à une personne de confiance** (ami, membre de la famille, psychothérapeute…). Parler de sa colère soulage, peut aider à la comprendre et à la relativiser.
- **Effectuer des exercices physiques.** L'activité physique permet de canaliser l'énergie négative et de se défouler de manière constructive. Elle entraîne la sécrétion de neuromédiateurs par le cerveau, notamment des endorphines naturelles qui ont un effet d'apaisement sur l'humeur.
- **Faire des activités créatives.** Peinture, dessin, musique, etc. Exprimer sa colère à travers l'art peut être très libérateur.

La colère après une rupture est une étape douloureuse, mais surmontable. Elle n'est pas une fin en soi. En la comprenant, en l'exprimant sainement et en vous recentrant sur vous, vous pouvez vous en libérer et avancer vers une vie plus heureuse et plus épanouissante. Alors n'oubliez pas que :

- La colère est une émotion normale après une rupture.
- Il est important de l'accueillir et de la reconnaître sans culpabilité.
- Ne vous enfermez pas dans la colère, exprimez-la sainement.
- Comprenez la source de votre colère pour mieux la gérer.
- Prenez soin de vous et reconnectez-vous à vous-même.
- La colère n'est pas une fin en soi, c'est l'occasion en vous appuyant sur son énergie d'un nouveau départ.

VOUS AVEZ DES REMORDS ET DES REGRETS? UTILISEZ-LES À BON ESCIENT POUR VOUS EN DÉPARTIR PEU À PEU.

Les remords et les regrets font partie intégrante de la vie amoureuse. Ils peuvent survenir après une rupture, qu'elle soit choisie ou subie. Il est important de savoir les gérer et de vous en libérer pour avancer positivement.

Comprendre et accepter ses remords

Le remords est lié à un acte précis. Il s'agit d'un sentiment de culpabilité lié à une action que nous avons commise, des propos que nous avons tenus, choses que nous n'aurions voulues ni tenir, ni commettre. Dans le cadre d'une séparation, nous pouvons nous en vouloir d'avoir quitté l'autre, même s'iel nous rendait la vie insupportable. Car il arrive que l'on aime encore quelqu'un que l'on quitte, parce que la relation nous faisait souffrir malgré la permanence de notre sentiment amoureux.

Si vous êtes mordu·e par le remords, il est important de le confier à une personne de confiance pour verbaliser ce sentiment pénible et commencer à le dépasser.

Demander pardon à la personne blessée est une étape importante pour vous libérer du remords. Cela ne signifie pas nécessairement revenir en arrière, mais plutôt reconnaître que vous avez été à l'origine d'une souffrance et faire amende honorable. **Demander pardon procure un soulagement même s'il n'implique pas automatiquement le pardon de l'autre.** Dans ce dernier cas, il est important de l'accepter et de vous concentrer sur votre propre cheminement.

Évacuer ses regrets

Le regret est lié à une situation passée que nous aurions aimé changer. Il s'agit d'un sentiment de tristesse et de frustration face à ce qui aurait pu être. Ce n'est pas de la culpabilité comme dans le remords, mais de la frustration face au bien-être à côté duquel nous pensons être passé. Ruminer les regrets ne fait qu'entretenir la souffrance. Il est alors important de réussir à vous concentrer sur le présent et sur l'avenir. Les regrets peuvent être utiles pour apprendre de vos erreurs. Ils permettent de prendre du recul et de faire des choix plus éclairés dans le futur, voire d'accepter de prendre des risques. Vous pouvez aussi songer à toutes les bonnes occasions que vous n'avez pas laissé passer et toutes les sources de bien-être que vous avez connues.

- Remémorez-vous ce qui a pu combler vos attentes passées dans votre vie en dehors ou non de cette histoire.
- Si un peu d'autocritique ne nuit pas, évitez cependant de vous croire responsable du fait que votre partenaire vous a quitté·e (les manipulateurs sont doués pour vous le faire croire).
- Cessez de croire que cette rupture est le châtiment que vous auriez mérité quelle qu'en soit la raison, réelle ou imaginaire.
- Qu'elle soit choisie ou subie, une rupture est une épreuve douloureuse. Il est important de vous accorder du temps pour faire votre deuil de cette relation.
- Prendre soin de vous est essentiel pendant cette période. Cela inclut de bien manger, de dormir suffisamment et de faire de l'exercice.
- Entourez-vous de vos proches. Le soutien social est important pour vous sentir soutenu·e et aimé·e.
- N'hésitez pas à consulter un professionnel de la santé mentale si la douleur est trop difficile à supporter.

En conclusion, les remords et les regrets sont des émotions normales après une rupture. Il est important de les comprendre, de les accepter et de vous en libérer pour avancer positivement.

SURMONTEZ LA HONTE

Parmi les ressentis qui font suite à une rupture amoureuse, aux sentiments de colère et de tristesse s'ajoute souvent la honte. Honte de ne pas avoir su garder votre partenaire ou de ne pas l'avoir rendu heureux·se, honte de vous sentir perdant·e, d'avoir été quitté·e pour quelqu'un d'autre. Honte de votre abattement, de ne plus pouvoir afficher une image parfaite, de votre dépression, de votre baisse de productivité au travail, de vos accès de colère, de votre aveuglement passé, de votre solitude persistante ou encore de vos sentiments persistants envers votre ex.

La honte est un jugement de ce que nous sommes. Elle est la douloureuse constatation que nous ne sommes pas ou que nous n'avons pas été à la hauteur de nos standards ou de nos représentations. Avoir honte a comme conséquences de renforcer l'isolement, à moins de chercher de l'aide, ce qui renforce la souffrance. La honte peut vous faire surestimer la sévérité de vos symptômes de colère, de démotivation ou de tristesse et les considérer comme anormaux ou inacceptables **Reconnaître la nature de votre honte est crucial.** Prenez la responsabilité de surmonter vos réactions émotionnelles mais ne vous rendez pas responsable de vos symptômes. Cherchez du soutien. Confiez-vous à des personnes de confiance. Trop de fierté peut nuire à votre évolution positive. Remplacez votre fierté par de l'indulgence vis-à-vis de vous-même. Parler de vos sentiments permet de les extérioriser et de les soulager. Votre interlocuteur pourra vous apporter un regard extérieur et vous rappeler que ces sentiments ne sont pas justifiés.

Opposez, aux pensées négatives qui vous envahissent, les raisons de contentement qui existent bel et bien. Rappelez-vous les moments heureux partagés, l'amour sincère que vous avez porté, les enfants que vous avez éventuellement eus ensemble. Soyez content·e d'avoir résisté à la colère, d'avoir quitté votre partenaire quand il le fallait ou de ne pas l'avoir fait pour préserver votre famille.

Éloignez-vous des personnes dont les remarques nourrissent vos sentiments de honte, comme celles qui vous questionnent constamment sur votre vie amoureuse ou vous reprochent de vous lamenter. Rencontrez d'autres personnes qui ont vécu une rupture amoureuse. Écoutez leurs témoignages. Vous serez surpris·e de constater qu'elles ressentent des sentiments de honte similaires, bien que dans des contextes différents. Ensemble, vous pourrez relativiser votre propre honte et même la dépasser. Que vos erreurs soient réelles ou imaginaires, pardonnez-vous et réapprenez à vous aimer.

MAÎTRISEZ VOTRE PEUR

Après la honte, surgit la crainte, et en particulier la peur de l'éternelle solitude. La rupture semble signifier la fin de toutes les chances de bonheur amoureux, comme si l'amour véritable n'était disponible qu'une seule fois dans une vie. « Je ne retrouverai jamais personne », « C'en est fini, j'ai perdu ma moitié », « Il n'y aura plus jamais d'autre amour », sont des pensées qui hantent l'esprit.

Cette crainte se manifeste souvent par des vagues de tristesse profonde et des bouffées d'angoisse, elle peut également engendrer des troubles physiques comme des insomnies, des palpitations ou des maux de ventre. Elle a tendance à entraîner une forme d'apathie et de repli sur soi, ce qui paradoxalement renforce l'isolement, pourtant craint.

Cependant, cette crainte a une fonction protectrice. Elle permet à l'individu de se mettre à l'abri le temps de se reconstruire avant de se confronter à de nouvelles rencontres, parfois prématurées et dangereuses pour un cœur fragile.

La meilleure façon de vous libérer de cette crainte est de l'affronter directement. **Regardez votre solitude en face et apprenez à vivre seul·e.** Transformez votre emploi du temps, vos loisirs et vos priorités. Vous serez surpris·e de constater que la vie a toujours du sens et que vous n'êtes pas en danger. Ne vous étiez-vous jamais senti·e seul·e pendant vos années de vie en couple ? En apprenant à vivre seul·e, vous découvrirez en vous mille potentialités que vous aviez peut-être mises de côté dans votre relation. Votre vision des autres et leur regard sur vous changeront également. Vous vous sentirez libre et les autres vous percevront comme tel. Profitez de cette solitude pour apprendre à vous connaître. Profitez de ce moment pour vous recentrer sur vos besoins et vos désirs. Développez votre indépendance : apprenez à vous faire plaisir seul·e. Ouvrez-vous aux nouvelles rencontres, mais ne précipitez rien. Pour tuer votre peur, laissez-la mourir d'elle-même. Mais rien ne vous interdit d'adopter des comportements sécurisants qui ne vous soient pas préjudiciables comme lire des livres qui vous apaisent, regarder des séries positives, vous offrir des activités ou des choses qui vous font plaisir, pratiquer la respiration profonde, la relaxation, la méditation…
Puis, quand vous vous sentirez prêt·e, reconnectez-vous avec vos amis et votre famille. Entourez-vous de personnes qui vous aiment et vous soutiennent. Reprenez vos activités : pratiquez un sport, inscrivez-vous à un cours, rejoignez un club… Développez vos passions : consacrez du temps à vos hobbies ou découvrez-en de nouveaux. Fixez-vous aussi des objectifs : avoir des projets vous donnera un but et vous aidera à vous projeter dans l'avenir.

APPRIVOISEZ LE DOUTE

Chez les personnes délaissées ou qui ont quitté leur partenaire, le doute s'invite souvent dans leur cheminement émotionnel. Ce doute peut se manifester de différentes manières. Ce peut être le doute de soi. On perd confiance en soi, on remet en question ses capacités et sa valeur, on a un sentiment d'inadéquation entre soi et les autres. On en vient à douter de ses propres sentiments. On se questionne sur la sincérité de ses propres sentiments envers son ex-partenaire ou sur sa capacité à aimer de nouveau.

Si on a été quitté·e, on doute des autres en général. On doute des sentiments d'autrui, on ne croit plus en la sincérité de personne. On perd confiance en l'amour en général, on a un sentiment de méfiance envers les hommes ou les femmes, on craint d'être de nouveau blessé·e. Au pire, on perd ses certitudes en divers domaines : et si tout était mensonge, hypocrisie ? Cela peut aller jusqu'à douter sur le sens de la vie : questionnement sur le but de l'existence, sentiment de vide et de désespoir.

D'une manière générale, le doute peut être un ennemi… ou un allié. En effet, il peut être un sentiment destructeur s'il n'est pas géré de manière constructive ; il peut conduire à l'isolement, à la passivité et à l'abandon de ses rêves. Cependant**, le doute peut également être une source de transformation positive.** Il peut nous pousser à nous remettre en question, à explorer de nouvelles perspectives et à redéfinir nos priorités.

La conduite à tenir si vous êtes envahi·e par le doute est de le transformer en opportunité. Pour cela, voici les actions à mener :

- **Parlez de vos doutes.** Exprimer vos doutes à une personne de confiance, un ami, un membre de la famille ou un thérapeute peut aider à les extérioriser et à les rationaliser.

- **Recentrez-vous sur vos forces.** Dresser une liste de vos qualités, de vos réussites et des compliments reçus permet de renforcer l'estime de soi.
- **Remettez en question vos croyances**. Analysez vos pensées négatives et remplacez-les par des pensées plus positives et réalistes.
- **Fixez-vous de nouveaux objectifs.** Se concentrer sur des projets personnels ou professionnels permet de se remobiliser et de se projeter vers l'avenir.
- **Considérez le doute comme une chance.** Le doute peut être une occasion de vous découvrir vous-même et de grandir en tant qu'individu.

Il est important de vous rappeler que le doute est une étape normale du processus de guérison après une rupture amoureuse. Avec du temps, de la patience et des efforts, il est possible de surmonter le doute et de s'ouvrir à de nouvelles possibilités. N'oubliez pas que vous n'êtes pas seul·e dans cette épreuve. De nombreuses personnes vivent des ruptures et parviennent à les surmonter. Avec le soutien de vos proches et l'aide d'un professionnel si nécessaire, vous retrouverez confiance en vous et en l'avenir. Le doute peut être un pont vers l'espoir. En le traversant, vous pouvez accéder à une meilleure compréhension de vous-même et à une vision plus positive de l'avenir. **Ne craignez pas le doute, utilisez-le comme une force pour vous transformer et avancer sur le chemin de la guérison.**

ACCUEILLEZ VOS LARMES

La rupture amoureuse s'accompagne souvent d'une phase dépressive qui peut s'avérer longue et éprouvante. Elle fait souvent suite au déni et à la colère. Cette période se caractérise par des sentiments de tristesse, de fragilité, de manque de confiance en soi et d'une perte d'estime de soi.

Lassitude, désintérêt, nostalgie et pessimisme peuvent également s'emparer de vous.
Un fort besoin d'être aimé·e vous submerge, mais vous fuyez paradoxalement les contacts sociaux. Vous vous persuadez que personne ne peut vous aider, que vous n'êtes pas digne d'amour et que la méfiance s'installe. Ces schémas comportementaux sabotent involontairement toute chance de nouer de nouvelles relations amoureuses.

C'est le cas de Léa

Léa, 32 ans, vit sa deuxième rupture amoureuse en l'espace de deux ans. Cette fois, c'est avec Antoine, son compagnon depuis trois ans. La douleur est vive, semblable à une plaie béante qui refuse de cicatriser. Léa se sent anéantie, incapable de penser à autre chose qu'à Antoine et à leur vie commune brisée. Les jours se transforment en semaines, et la peine de Léa ne faiblit pas. Elle s'isole, refuse de voir ses amis et sa famille, préférant se morfondre dans ses souvenirs. Sa tristesse est palpable, empreinte d'une amertume qu'elle ne comprend pas. Un soir, alors qu'elle pleure à chaudes larmes, Léa se remémore sa première rupture, celle avec Maxime, son amour de jeunesse. La douleur qu'elle a alors ressentie lui semblait si intense, si insurmontable… Pourtant, avec le temps, elle a guéri, elle a reconstruit sa vie et trouvé l'amour avec Antoine. Alors, pourquoi cette nouvelle rupture la frappe-t-elle si violemment ? La question taraude Léa.
Épuisée par ses réflexions, elle s'assoupit, bercée par un sommeil agité. Dans son rêve, Léa se trouve face à une version plus âgée d'elle-même. Ce double aux yeux remplis de compassion lui prend la main et la regarde avec douceur en lui disant : « Léa, ta douleur n'est pas seulement la conséquence de ta rupture avec Antoine.

> Elle porte le poids de toutes les peines passées, de toutes les blessures non cicatrisées. » Léa se réveille alors en sursaut, frappée par la justesse des paroles de son rêve. Elle comprend soudain que sa peine actuelle est amplifiée par les fantômes du passé. La douleur de sa rupture avec Maxime n'a jamais été complètement guérie et elle resurgit maintenant, se mêlant à la souffrance de sa séparation avec Antoine. Cette prise de conscience a été un déclic pour Léa. Elle a compris qu'elle devait d'abord se guérir du passé avant de pouvoir avancer vers un nouvel amour.

Une rupture amoureuse peut en effet réveiller des douleurs enfouies de votre passé, intensifiant la dépression et prolongeant la souffrance. Elle fragilise et révèle des blessures oubliées. Si la tristesse persiste, il est essentiel d'explorer votre passé pour comprendre l'origine de ces larmes. Consolez l'enfant en vous qui pleure et libérez-vous du poids des amours passées. Ce processus sera douloureux mais bénéfique.
Laissez couler vos larmes, elles irrigueront un avenir meilleur. En attendant, elles arrosent vos souvenirs et les font éclore. Autorisez-vous à vous souvenir de votre histoire passée, de la rencontre qui s'est terminée, de ce que vous adoriez chez votre ex-partenaire et de ce qu'iel appréciait chez vous. Souvenez-vous de la passion, des moments partagés, des bons et des mauvais souvenirs, et de ce qui a précédé cette relation.
Les larmes purifient le regard et permettent de mieux voir. Elles changent votre perspective, vous aidant à voir différemment les événements passés, ce que vous étiez, ce que vous êtes et ce que vous pouvez devenir. Pleurer empêche d'oublier, mais emporte la souffrance pour ne laisser que les souvenirs doux. À l'inverse, retenir vos larmes vous noie dans le chagrin. Un regard voilé par la tristesse empêche de voir l'avenir. Après les larmes, les yeux sont plus clairs et l'avenir moins sombre.

Ne vous interdisez pas le deuil, car toute rupture amoureuse en est un. Cherchez des personnes prêtes à écouter votre chagrin, même si cela peut être difficile. Les séparations sont banalisées, les rencontres semblent plus faciles, ce qui décourage l'engagement. On vous dit : « Un de perdu, dix de retrouvés », « Oublie vite, passe à autre chose ! », « Va sur les applis ». On nous fait croire que l'amour est un besoin simple à assouvir. Pleurer, exprimer sa peine est souvent mal vu par l'entourage. Pour exprimer sa souffrance, la seule solution acceptable semble être de consulter un psychiatre ou un psychologue. Devons-nous médicaliser le chagrin d'amour pour qu'il soit pris au sérieux ? Les médicaments remplacent aujourd'hui les larmes et le deuil d'autrefois, mais attention, s'ils masquent la douleur, ils ne traitent pas la source du chagrin.

Je ne vous le dirai jamais assez : **accordez-vous du temps pour guérir.** Mais ne remplacez pas définitivement votre amour par votre chagrin. Ne remplacez pas votre cœur en joie par un cœur meurtri. Ne perdez pas espoir de trouver des oreilles attentives pour écouter votre peine, que ce soit pour mieux vous en débarrasser. Parfois, un inconnu peut être un excellent confident. Réfléchissez, lisez, prenez du temps pour ne rien faire et laissez votre peine s'écouler. Mettez-vous « en jachère » et prévenez votre entourage que vous traversez une période difficile. Acceptez l'aide et le soutien offerts, mais accordez-vous aussi le droit de vous isoler si nécessaire. Soyez patient·e avec vous-même et ne vous culpabilisez pas pour vos moments de faiblesse. La guérison n'est pas un processus linéaire. Il y aura des jours meilleurs et des jours pires mais elle sera au bout du chemin.

RESTAUREZ VOTRE ESTIME ET CONFIANCE EN VOUS

L'estime de soi est classiquement définie comme le jugement ou l'évaluation que l'on fait de soi-même en rapport avec ses propres valeurs. Elle est en lien avec la fierté que l'on a de soi et repose sur l'évaluation de nos actes, conduites ou compétences que l'on va juger plus ou moins positivement. L'estime de soi varie volontiers au fil de notre existence puisqu'elle est fonction des comportements, des actions et des choix de vie que nous faisons et qui sont conformes ou non à nos exigences, mais elle est aussi fonction de nos réussites. Une bonne estime de soi est associée à une idée élevée de sa propre valeur, à une bonne opinion de soi-même, au sentiment de satisfaction de soi la plupart du temps et à la mise en place d'objectifs réalistes. Mais, à mon sens, elle n'est pas que cela. Car l'estime de soi exprime avant tout l'attachement que l'on a vis-à-vis de soi-même. Elle est du registre de l'affectif, qui n'est pas toujours rationnel. Ainsi, il arrive que l'on soit attaché à quelqu'un qui n'est pas aussi compétent qu'on pourrait l'espérer. Plus encore, on aime parfois fortement une personne qui présente à nos yeux beaucoup de défauts, que cette personne soit un amoureux·se, un·e fils·le, un·e ami·e ou une célébrité que l'on admire.

L'amour est nourri de subjectivité. L'amour que l'on a de soi l'est tout autant. Nous avons tous connu des adultes comme des enfants insupportables aux yeux d'autrui, mais toujours autosatisfaits. La construction de l'estime de soi est intimement liée à la façon dont on a été aimé·e. C'est parce qu'il est aimé que l'enfant se sent aimable et qu'il intègre l'idée structurante qu'il a de la valeur. Devenu plus âgé, l'opinion que l'on a de soi, l'attachement que l'on éprouve vis-à-vis de soi-même, continuent d'être influencés par l'opinion que l'entourage porte sur nous et par l'attachement des personnes qui comptent pour nous.

C'est l'atteinte à l'estime de soi, plus spécifiquement que la dépression dans son ensemble, qui conduit parfois au suicide. Quand on en vient à n'éprouver plus aucun attachement vis-à-vis de soi, voire à se haïr, on rompt avec soi ou l'on cherche à se détruire. Or après une rupture amoureuse douloureuse, le regard que l'on porte sur soi est dégradé, et n'étant plus aimé·e, on en vient à moins ou à ne plus s'aimer. Cette atteinte de l'estime de soi après une rupture est bien sûr d'autant plus vive que l'estime de soi préalable était fragile et que l'histoire d'amour qu'on connaissait l'avait augmentée. Car cette augmentation n'était pas stable comme celle qui se construit dans l'enfance via l'amour des parents. Elle dépendait de l'amour de l'être aimé ; celui-ci s'évanouissant, l'estime de soi disparaît.

Comment renforcer votre estime de vous-même?

Voici déjà quelques exercices d'auto-valorisation :

Soyez indulgent·e envers vous-même. Tout le monde commet des erreurs. Acceptez vos imperfections et apprenez de vos expériences.

Parlez-vous avec bienveillance. Évitez les pensées négatives et remplacez-les par des affirmations positives.

Pensez à trois personnes que vous admirez, qu'il s'agisse de votre entourage ou de personnalités connues, vivantes ou défuntes. Imaginez ensuite que chacune d'elles vous adresse un compliment personnalisé. Puis qu'elles vous disent chacune une phrase d'encouragement, par exemple : « Qui ne tente rien n'a rien ». Écrivez ces conseils et conservez-les. Chaque matin, mettez-vous en face d'un miroir sur pied et prenez la posture de ces personnes admirées.

Notez les qualités que vous appréciez chez vous, ainsi que celles que les autres apprécient chez vous et relisez cette liste régulièrement.

Accordez-vous du temps pour des activités que vous aimez : lire, faire du sport, prendre un bain chaud... Se faire du bien donne le sentiment qu'on est estimable.

Occupez-vous de votre apparence. Cela peut sembler superficiel, mais le regard des autres, quand il est positif, soutient une estime de soi vacillante.

Définissez de petits objectifs réalisables en différents domaines et célébrez chaque petite victoire.
Imaginez-vous atteindre ces objectifs et ressentez les émotions positives associées.

Répétez-vous chaque jour des phrases positives comme « Je suis capable », « Je mérite d'être aimé·e », « J'ai le droit d'être heureux·se ».
Chaque soir, notez trois choses pour lesquelles vous êtes reconnaissant·e. Cela vous aidera à vous concentrer sur le positif.

Entourez-vous de personnes bienveillantes. Passez du temps avec des amis et de la famille qui vous soutiennent.

Limitez les interactions avec les personnes toxiques. Éloignez-vous des personnes qui vous rabaissent ou vous mettent mal à l'aise.

Faites des compliments aux autres. En faisant du bien autour de vous, vous vous sentirez mieux vous-même et vous aurez en retour de l'estime et de l'amour qui renforceront l'estime que vous avez pour vous.

Apprenez de nouvelles choses. Suivez des cours, lisez des livres, découvrez d'autres hobbies. Tout cela vous donnera une consistance intérieure qui renforcera votre estime de soi.

RÉCONCILIEZ-VOUS AVEC LA JOIE

La rupture, pour être supportable, doit être l'occasion de vous recentrer sur vous, de vous retrouver et de prendre soin de vous. Il est important de renouer avec vos passions, vos hobbies et les choses qui vous font du bien. C'est également le moment de vous fixer de nouveaux objectifs, de vous projeter vers l'avenir et de renouer avec la joie.

C'est le cas d'Ambre

Ambre, une jeune femme pétillante de 25 ans, a le cœur brisé. Sa relation avec sa compagne Lisa s'est brutalement terminée d'un commun accord, la laissant anéantie. Les semaines qui ont suivi furent une épreuve difficile pour Ambre. Incapable de manger ou de dormir, elle errait dans son appartement, hantée par les souvenirs de son histoire d'amour aujourd'hui défunte. Lisa, de son côté, semblait également souffrir terriblement de la rupture. Ambre la croisait parfois dans les rues de leur quartier, le regard vide et perdu. Malgré la douleur, Ambre s'efforce de comprendre les raisons de leur rupture. Elle retrace l'histoire de leur relation, analysant chaque mot, chaque geste, chaque silence. Peu à peu, elle prend conscience des incompatibilités qui les ont éloignées l'une de l'autre : des rêves différents, des visions incompatibles de l'avenir… Ambre saisit que leur histoire, aussi belle a-t-elle été, ne pouvait pas durer. Cette prise de conscience a été douloureuse, mais elle a permis à Ambre de commencer à guérir. Elle a accepté que la fin de sa relation avec Lisa ne soit pas un échec, mais une étape nécessaire à son évolution personnelle.

Avec le temps, les blessures d'Ambre se sont refermées. Elle a pu recommencer à vivre, à rire, à espérer. Un jour, elle a rencontré une autre femme, Clara.

D'abord réticente à s'engager à nouveau, Ambre s'est laissé peu à peu séduire par la douceur et l'intelligence de Clara. Leur relation s'est développée naturellement, basée sur le respect, la communication et la confiance. Ambre a enfin trouvé l'amour qu'elle méritait. Un amour mature, apaisé, qui lui a apporté la sérénité et le bonheur qu'elle n'avait jamais connus auparavant. Sa rupture avec Lisa, si douloureuse, a finalement été un véritable cadeau. Un cadeau qui lui a permis de se découvrir elle-même et d'ouvrir son cœur à un amour véritable.

Vous avez traversé les tempêtes tumultueuses de la colère, de l'envie et de la tristesse, escortées par leur cortège de honte, de crainte, de doute, de regret et de remords. Vous avez identifié ces émotions qui tourbillonnaient en vous, les avez affrontées avec courage pour mieux les comprendre, les cerner, les maîtriser et les apprivoiser. Vous vous en êtes libéré, et votre horizon émotionnel s'est dégagé, laissant place à une douce clarté. **Comme un soleil radieux perçant les nuages, la joie peut de nouveau illuminer votre vie. À vous de la nourrir et de la faire resplendir, tel un joyau précieux.** Avoir reconnu et accepté votre douleur vous a rendu plus fort·e, tout comme reconnaître et accepter votre joie la nourrira.
Vous avez appris à relativiser et à faire la part des choses. Vous avez gagné en lucidité sur vous-même et sur les autres. Il est maintenant temps de vous ouvrir aux autres, mais avant cela, il reste quelques étapes à franchir.

Nourrissez votre corps et votre esprit pour cultiver le bonheur. Pratiquez une activité physique régulière, explorez de nouveaux horizons, laissez-vous surprendre par l'inattendu. Osez sortir de votre zone de confort et découvrez de nouvelles passions.

Ouvrez grand vos sens. Savourez chaque instant, chaque sensation : un bon plat, une mélodie enivrante, la beauté de la nature. Observez le monde qui vous entoure avec curiosité et émerveillement.

Cultivez la pensée positive. La bonne humeur est contagieuse et vous apportera de nombreux bienfaits : elle vous rendra plus altruiste, plus créatif·ve, plus à l'écoute des autres. Elle améliorera votre raisonnement et votre jugement, vous rendra plus méthodique et plus courageux·se.

Votre environnement joue un rôle important sur votre bien-être. Prenez soin de votre santé, cultivez vos amitiés et améliorez vos conditions de vie. Créez un espace qui vous ressemble, un havre de paix où vous vous sentez bien.

Dans toutes vos décisions, accordez la priorité à votre bonheur. Faites ce qui vous procure de la joie et du plaisir. N'oubliez pas, vous méritez d'être heureux·se !

Vous avez accompli un immense travail sur vous-même. Vous êtes désormais prêt·e à écrire un nouveau chapitre de votre vie, un chapitre rempli de joie, de sérénité et d'amour.

LES SECRETS D'UN COUPLE QUI DURE

L'amour peut être une force si puissante que sa perte peut sembler insurmontable. Pour ne pas vous effondrer, vous pouvez vous appuyer sur votre raison et vous rappeler que l'amour ne se limite pas à une seule personne ou à une seule expérience. Il y a tant d'autres personnes dans le monde qui peuvent vous aimer et être aimées par vous en retour.
Lorsque nous aimons, nous prenons un risque, mais une rupture ne doit pas vous empêcher de continuer à aimer. Il y aura toujours des moments difficiles, mais ils ne doivent pas être la fin de votre voyage amoureux. Il convient d'être patient, de laisser le temps guérir votre cœur, de profiter de votre vie, de trouver des choses qui vous passionnent et des personnes qui vous apportent de la joie. Lorsque vous serez prêt·e, vous pourrez vous ouvrir à l'amour à nouveau.
Mais tout de même, comment faire pour construire un nouveau couple qui « dure » ?
En guise d'apéritif, voici une étude amusante qui prétend que notre façon de dormir en couple est un indicateur de notre satisfaction amoureuse…

L'éclairage surprenant !

Une étude réalisée en 2014 par le psychologue Richard Wiseman de l'université anglaise Hertfordshire auprès de 1 000 individus suggère **des liens entre la position habituelle de sommeil et la satisfaction au sein de la relation de couple.**

La plus fréquente position de sommeil, qui concerne 42 % des couples, est celle dos à dos. Ensuite, 31 % des couples dorment tournés dans la même direction. Seulement 4 % des couples dorment en face-à-face. Si les positions sont peu significatives quant à la qualité de la relation amoureuse, en revanche la différence la plus importante, note le chercheur, est le toucher : 94 % des couples qui passent la nuit en contact s'estiment heureux de leur relation, comparativement à 68 % de ceux qui ne se touchent pas. Le chercheur a également évalué la distance entre les membres du couple dans le lit. Si 12 % des couples passent la nuit très collés l'un à l'autre – à moins d'un pouce (2-3 cm) de distance –, 2 % des couples dorment éloignés l'un de l'autre à plus de 30 pouces (75 cm). Plus la distance est grande entre les membres du corps du couple dormant ensemble, moins la satisfaction a tendance à être élevée : 86 % de ceux dormant à un pouce (2-3 cm) de distance s'estiment heureux comparativement à 66 % de ceux qui dorment à plus de 30 pouces (75 cm).

LES FACTEURS DE LONGÉVITÉ

Après la rupture, si vous souhaitez redonner une nouvelle chance à l'amour, vous aimeriez sans doute devenir un couple qui dure. Les études scientifiques ont identifié de nombreux facteurs qui peuvent contribuer à la longévité d'un couple.

Bien qu'il n'y ait pas de formule magique, certains éléments reviennent régulièrement dans les recherches. Parmi ces piliers d'une relation durable, on retrouve :

- **Une communication ouverte et honnête.** C'est-à-dire la capacité à exprimer ses sentiments, ses besoins et ses préoccupations de manière claire et respectueuse. Il est essentiel d'écouter activement son ou sa partenaire et de chercher à comprendre son point de vue.
- **Le sentiment d'être aimé·e, soutenu·e et valorisé·e** par son partenaire crée un lien fort et sécurisant.
- **Le respect mutuel** qui se traduit par la capacité à reconnaître et à apprécier les qualités de l'autre, tout en acceptant ses différences.
- **L'existence d'une véritable intimité** mais qui ne se limite pas à l'aspect sexuel. Elle englobe également l'intimité émotionnelle, intellectuelle et spirituelle.
- **L'engagement,** c'est-à-dire la décision consciente de chaque membre du couple de s'investir dans la relation à long terme et d'y travailler régulièrement.
- **La capacité et la volonté de résoudre les conflits** en apprenant à gérer les désaccords de manière constructive et à trouver des compromis.
- **Le soutien mutuel,** c'est-à-dire la capacité mutuelle d'être présent pour son·a partenaire, dans les bons comme dans les mauvais moments, et l'encourager à atteindre ses objectifs.
- **Les activités partagées.** Passer du temps ensemble, partager des intérêts communs et créer de nouveaux souvenirs renforcent le lien de couple.
- **L'épanouissement personnel.** Encourager l'autre à se développer et à poursuivre ses propres passions contribue à la richesse de la relation.

- Il existe d'autres facteurs importants tels que la compatibilité. Des valeurs, des objectifs et des attentes de vie similaires facilitent la construction d'un projet de vie commun.
- Ou encore la capacité à s'adapter aux changements. La vie est faite de hauts et de bas et quand le couple dure, chacun de ses membres connaît au fil du temps des changements personnels auquel l'autre doit pouvoir s'adapter.
- Enfin, **le soutien social**. L'existence d'un réseau familial et amical positif peut apporter un soutien précieux au couple et participer à la maintenir.

5 RÈGLES D'OR POUR BIEN COMMUNIQUER

Quel que soit le type de personnalité du ou de la partenaire que vous avez, la manière dont vous maîtrisez la communication au sein du couple est essentielle pour atténuer les effets négatifs de cette personnalité sur vous-même et sur le couple. Une communication saine et ouverte est le ciment de toute relation solide. Au sein d'un couple, elle permet de renforcer les liens, de résoudre les conflits et de se sentir compris·e et aimé·e. Voici quelques règles pour une communication efficace :

1. Une écoute active et empathique

- Montrer de l'empathie. Essayez de vous mettre à sa place pour mieux comprendre ses émotions et ses besoins.
- Être présent. Accordez toute votre attention à votre partenaire, sans distractions.
- Reformuler. Répétez ce que vous avez compris pour vous assurer de ne rien avoir manqué.
- Éviter de l'interrompre. Laissez votre partenaire terminer ses phrases sans l'interrompre.

2. Une verbalisation honnête et transparente

- Être authentique. Exprimez vos pensées et vos sentiments tels qu'ils sont, sans filtre.
- Utiliser le « je » plutôt que le « tu ». Utilisez des phrases commençant par « je » pour exprimer vos ressentis sans accuser l'autre (exemple : « Je me sens blessé·e quand… » plutôt que « Tu me blesses quand… »)
- Être clair sur ses attentes. Communiquez ouvertement vos besoins et vos désirs.

3. Une communication basée sur le respect mutuel

- Choisir le bon moment et le bon endroit. Évitez de discuter de sujets importants lorsque vous êtes fatigués ou stressés.
- Accepter vos différences. Reconnaissez que vous n'êtes pas d'accord sur tout et acceptez ces différences.
- Éviter les jugements. Ne critiquez pas les opinions ou les sentiments de votre partenaire.
- Maintenir un ton respectueux. Même en cas de désaccord, évitez les insultes et les reproches. Cherchez à résoudre les conflits.
- Focaliser sur le problème. Concentrez-vous sur le problème spécifique plutôt que de ressasser le passé.
- Rechercher des solutions ensemble. Travaillez ensemble pour trouver des solutions qui conviennent à vous deux.

4. Une attention à la communication non verbale

- Le regard. Par exemple, un regard doux et attentif exprime l'intérêt et l'affection.
- La gestuelle. Les gestes peuvent renforcer votre message ou le contredire.
- Le ton de la voix. Un ton calme et assuré favorise la communication.

5. Une attention à la qualité de la relation pour une meilleure communication

- Déconnecter. Accordez-vous des moments sans écrans ni distractions pour vous concentrer l'un sur l'autre.
- Partager des activités. Pratiquez des activités que vous aimez tous les deux pour renforcer votre lien.
- Exprimer votre gratitude. Remerciez votre partenaire pour les petites et les grandes choses.

L'ART ET LA MANIÈRE DE FAIRE ET/OU RECEVOIR UNE CRITIQUE EN COUPLE

S'il vous arrive de devoir faire une critique à votre partenaire, décrivez précisément ce qui vous gêne dans ses paroles ou ses comportements sans l'attaquer directement. Évoquez les conséquences sur vous de ceux-ci, qu'elles soient matérielles ou émotionnelles. Par exemple, dites : « Je me sens abandonné·e ou je suis angoissé·e quand tu rentres tard sans prévenir ». Cherchez ensuite en commun une solution.

S'il vous arrive de recevoir une critique, soyez honnête avec vous-même. Si la critique est vraie, exprimez votre accord. Reconnaissez alors l'émotion de votre partenaire qui est triste, irrité·e ou encore inquiet·ète. Expliquez votre comportement (sans attaquer votre partenaire, pour vous défendre, sur ses comportements antérieurs comme pour justifier les vôtres). Précisez votre intention véritable. Et enfin, modifiez ou non votre comportement.

Si la critique est manifestement fausse, réfutez-la. Reconnaissez cependant l'émotion de votre partenaire dans l'hypothèse où iel est sûr·e de ses dires. Demandez des précisions, menez l'enquête sur ce qui est à l'origine de la vision différente de la situation. Enfin, concluez sur un malentendu ou sur un désaccord.

Si la critique est vague, écoutez activement, essayez de reformuler ou demandez des précisions, reconnaissez l'émotion de votre partenaire, expliquez votre comportement si besoin. Si la critique reste vague, faites critique du vague de sa critique. En résumé, communiquer, c'est mettre en commun. Gare à l'interprétation, fléau de la bonne communication au sein du couple. Moins vous interprétez, plus vous êtes proche de la réalité. Moins vous pensez à la place du partenaire, plus la communication est ouverte et possible. **La bonne communication dans le couple est celle où l'effet ressenti est égal à l'intention émise. L'émetteur ne doit pas se contenter de vouloir s'exprimer, il doit s'assurer qu'iel est bien entendu·e.**

Une bonne communication dans un couple est un processus continu qui demande de l'effort et de la patience de part et d'autre. En mettant en pratique ces conseils, vous pourrez renforcer votre lien et construire une relation plus solide, plus satisfaisante et épanouissante.

Vivre en couple avec quelqu'un, qui plus est une personne dont la personnalité est perçue comme difficile, est un défi qui met à l'épreuve la patience, la compréhension de l'autre et le bien-être dans le couple amoureux. La communication ouverte et honnête, la recherche de compromis, la prise de soin de soi et, dans certains cas, l'aide d'un professionnel, sont autant d'outils précieux pour améliorer la situation. En comprenant les mécanismes qui sous-tendent les comportements difficiles, il est possible de développer de nouvelles stratégies pour interagir avec votre partenaire et améliorer la qualité de votre relation. Mais **vous devez renoncer à changer complètement ce ou cette partenaire.** Il est important également de ne pas perdre de vue vos propres besoins et limites.

Si malgré tous les efforts, la situation reste intenable et que votre bien-être est constamment mis à mal, il peut être nécessaire d'envisager d'autres options, comme une psychothérapie individuelle ou de couple, voire une séparation.

CONCLUSION

Bien qu'il puisse parfois être source de peines profondes, l'amour reste une force motrice dans nos vies. Mais une force complexe et ambiguë, capable de nous élever aux plus hauts sommets comme de nous précipiter dans les abysses. En comprenant les mécanismes de la souffrance amoureuse et en développant des stratégies pour y faire face, nous pouvons soigner nos blessures voire en faire des sources de croissance personnelle.

Chacune de nos expériences, aussi douloureuses soient-elles, peut nous rapprocher d'une version plus forte et plus authentique de nous-même. Car c'est souvent dans l'adversité que l'on apprend à se connaître, à se relever et à aimer plus profondément encore.

Nous avons vu que nos expériences amoureuses, tant positives que négatives, sont profondément influencées par notre histoire personnelle. C'est un peu comme si nos relations amoureuses étaient un miroir reflétant nos joies, notre confiance et notre sentiment de sécurité, mais aussi nos blessures du passé, nos peurs et nos attentes insatisfaites. Parmi les éléments clés qui peuvent expliquer ce lien, citons les modèles parentaux, les expériences passées, les croyances limitantes ou les mécanismes de défense.

La façon dont nos parents ont vécu leurs propres relations amoureuses a un impact significatif sur notre vision de l'amour ; la façon aussi dont ils nous ont aimé et notre mode d'attachement, comme celui de notre partenaire. Si nous avons grandi dans un environnement où les conflits et les tensions, la jalousie, le manque de confiance étaient fréquents, nous risquons de reproduire ces schémas dans nos propres relations.
Chaque relation amoureuse, même celles qui se sont terminées, laisse des traces en nous. Les blessures infligées, les trahisons, les déceptions peuvent créer des cicatrices émotionnelles qui influent sur notre façon future d'aimer et d'être aimé·e. Nos croyances sur l'amour, sur nous-même et sur les autres sont souvent façonnées par notre passé. Des croyances telles que « Je ne suis pas assez bien », « L'amour fait souffrir » ou « Je ne trouverai jamais le bonheur » peuvent saboter nos relations. Face à la peur de la souffrance, nous développons souvent des mécanismes de défense qui nous protègent mais qui peuvent aussi détériorer nos relations. Par exemple, nous pouvons devenir trop dépendant·e, trop indépendant·e ou encore compromettre nos relations avant que les autres ne puissent nous blesser. En résumé, notre histoire personnelle est comme un terrain sur lequel nos relations amoureuses prennent racine. **Comprendre comment notre passé influence notre présent est une étape essentielle pour guérir nos blessures et construire des relations plus saines et durables.**

À travers le parcours de ce livre, nous avons exploré les méandres des différentes souffrances amoureuses, ses causes et ses conséquences. Nous avons découvert que derrière chaque douleur existent des possibilités de mieux-être et parfois une opportunité de croissance et de transformation. En comprenant les mécanismes psychologiques qui sous-tendent nos souffrances, nous pouvons apprendre à les éviter,

et une fois présentes à les apprivoiser, à les transcender ou à les fuir si nécessaire.
C'est en affrontant nos peurs, nos vulnérabilités et nos souffrances que nous devenons véritablement libre. En nous confrontant à nos blessures amoureuses, nous pouvons apprendre à nous connaître plus profondément et à développer une plus grande compassion envers nous-même et envers les autres. Car c'est en acceptant nos imperfections que nous pouvons véritablement aimer et être aimé·e.
La souffrance amoureuse n'est pas une fatalité. En acceptant nos émotions, en cultivant l'estime de soi et en développant des relations saines avec nous-même et avec les autres, nous pouvons prévenir nos blessures, les guérir et ouvrir notre cœur à de nouvelles expériences amoureuses.

Enfin, si la souffrance amoureuse est une expérience universelle, chacun la vit à sa manière. En partageant nos histoires et en nous soutenant mutuellement, nous pouvons briser l'isolement et créer un monde où l'amour est célébré dans toute sa diversité. Alors osons parler de nos blessures, osons nous aimer et osons croire en la possibilité d'un bonheur durable!
Ce livre n'est qu'un point de départ. **À vous maintenant de poursuivre votre propre chemin de guérison.** N'hésitez pas à consulter des professionnels, à vous entourer de personnes bienveillantes et à prendre soin de vous. Souvenez-vous que vous avez le pouvoir de transformer votre vie et de créer l'amour que vous méritez. Laissez à l'amour une deuxième chance!

REMERCIEMENTS

À Brigitte Lahaie, pour son amitié et sa confiance.
À Marie Laforêt, pour sa voix consolatrice.
À Mademoiselle Garbo, Cassie et Myrtille, pour leur soutien affectueux durant l'écriture de ce livre.

DU MÊME AUTEUR

AUX ÉDITIONS ALBIN MICHEL

Comment survivre quand les parents se séparent, Albin Michel Jeunesse, 2004
Séparons-nous… mais protégeons nos enfants, 2004
Élever un garçon aujourd'hui. En faire un homme, pas un macho, 2005
Quand les pipis font de la résistance, 2006
Parents, osez vous faire obéir !, 2007
Comment avoir de vrais amis ? 2008
Maintenant tu restes dans ton lit, 2008
Les Kilos émotionnels (Comment s'en libérer), 2009, 2024
Osez vous faire respecter ! 2010
Soigner son moral au naturel, 2012, 2024
L'Amour et les Kilos, 2014

AUX ÉDITIONS BAYARD JEUNESSE

L'amour 100 % ado, avec Noélie Viallet, 2010
Ça sert à quoi les parents, avec Sophie Bordet, 2014
C'est quoi être une fille ?, C'est quoi être un garçon ?, 2014
Parents, frères et sœurs, famille : Mode d'emploi, 2017

AUX ÉDITIONS CALMANN-LÉVY

Guide de l'ado à l'usage des parents, 2008
Devenir heureux, ces épreuves qui font notre force, avec Karine *Lemarchand, Philippe Grimbert,* Maryse Vaillant, 2009

AUX ÉDITIONS FAYARD

Adolescents, la crise nécessaire, 2000
Ils n'ont d'yeux que pour elle. Les enfants et la télé, 2002
Quel âge aurait-il aujourd'hui ? Le tabou des grossesses interrompues, 2007
Bien dans son assiette, bien dans sa tête, 2016
Les Vampires psychiques : comment les reconnaître, comment leur échapper ?, 2018
Soigner les enfants hyperactifs sans médicaments, 2019

AUX ÉDITIONS FIRST

Éduquer son enfant, avec Bernard Marie, 2011

AUX ÉDITIONS FLAMMARION

Nos garçons en danger ! 2015

AUX ÉDITIONS HACHETTE LITTÉRATURE

La mère parfaite, c'est vous !, avec Danièle Laufer, 2008

AUX ÉDITIONS ODILE JACOB

La Deuxième Chance en amour, avec Dr Sylvie Angel, 2008

AUX ÉDITIONS MICHEL LAFON

Quand je serai grand, je serai célèbre, avec Danielle Moreau, 2009

AUX ÉDITIONS ROBERT LAFFONT

Ne sois pas triste mon enfant (Comprendre et soigner la dépression des petits), 1999
Nos enfants aussi ont un sexe (Comment devient-on fille ou garçon), 2001

AUX ÉDITIONS LAROUSSE

Le Guide du bien-être (collectif), 2001
Le Larousse de la psychologie (collectif), 2005
Réussir à l'école : une question d'amour ?, 2012

AUX ÉDITIONS JC LATTÈS

Comment devient-on homo ou hétéro ?, 2006

AUX ÉDITIONS LEDUC

Ado, le décodeur (question de parent, réponse de psy), avec Estelle Denis, 2019
L'intelligence spirituelle de votre enfant, 2021
Ce n'est pas ce que vous mangez qui vous fait grossir, 2022
Le cerveau Médecin, 2024

AUX ÉDITIONS LIMONADE

Bien vivre ta première relation sexuelle. Si tu es un garçon, 2015
Bien vivre ta première relation sexuelle. Si tu es une fille, 2015
Comment guérir d'un chagrin d'amour?, 2015
Comment plaire aux garçons et surtout à l'un d'entre eux?, 2014
Comment plaire aux filles et surtout à l'une d'entre elles ?, 2014
Comment obtenir ce que tu veux ou presque de tes parents?, 2014
Comment te faire respecter?, 2014
Comment te faire des amis?, 2015
Comment te passer du tabac?, 2015
Comment renforcer ta confiance en to?, 2015
Comment bien apprendre et réussir à l'école?, 2016
Comment devenir populaire?, 2016
Comment être gay et heureux, lesbienne et sereine?, 2016
Comment gérer tes kilos en trop?, 2016
Comment maîtriser ton stress?, 2016
Comment sortir d'une vie virtuelle?, 2016
Ce que tes rêves disent de toi?, 2017
Comment être plus attentif, moins hyperactif, c'est possible!, 2017
Comment faire de ton hypersensibilité une force, 2017
Comment retrouver le goût de vivre, 2017

AUX ÉDITIONS MARABOUT

Enfants accros de la télé: ils n'ont d'yeux que pour elle, 2003
Le pédopsy de poche, 2013
Ma To Do List enfant: 18 mois à 6 ans, 2013
100 réponses aux questions d'un jeune papa, 2015
100 conseils du pédopsy, 2021

AUX ÉDITIONS J'AI LU

Séparons-nous... mais protégeons nos enfants : comment préserver les intérêts de l'enfant lors d'un divorce ?, 2016

AUX ÉDITIONS PLURIEL

Adolescents, la crise nécessaire, 2016

AUX ÉDITIONS LE LIVRE DE POCHE

Comment survivre quand les parents se séparent, 2012
Les Kilos émotionnels (Comment s'en libérer), 2012
Les vampires psychiques : comment les reconnaître, comment leur échapper, 2019
Soigner les enfants hyperactifs sans médicaments, 2020
Ce n'est pas ce que vous mangez qui vous fait grossir, 2023
L'intelligence spirituelle de votre enfant, 2024

AUX ÉDITIONS LA MUSARDINE

Hypersensible, Hyperamoureux, 2021, 2023

Achevé d'imprimer en décembre 2024
sur les presses de Présence Graphique
N° d'impression : 012480416

Imprimé en France